乡村经营性治理的创新模式研究：
基于浙江省安吉县的调研

王威 ◎ 著

中国·武汉

图书在版编目(CIP)数据

乡村经营性治理的创新模式研究:基于浙江省安吉县的调研/王威著. —武汉:华中科技大学出版社,2023.9
ISBN 978-7-5772-0043-9

Ⅰ.①乡… Ⅱ.①王… Ⅲ.①农村经济-经营管理-调查研究-安吉县 Ⅳ.①F327.554

中国国家版本馆 CIP 数据核字(2023)第 194190 号

乡村经营性治理的创新模式研究:基于浙江省安吉县的调研
Xiangcun Jingyingxing Zhili de Chuangxin Moshi Yanjiu:
Jiyu Zhejiang Sheng Anji Xian de Diaoyan

王威 著

策划编辑:曾　光
责任编辑:刘小雨
封面设计:孢　子
责任校对:谢　源
责任监印:朱　玢

出版发行:华中科技大学出版社(中国·武汉)　　电话:(027)81321913
　　　　　武汉市东湖新技术开发区华工科技园　　邮编:430223
录　　排:武汉创易图文工作室
印　　刷:武汉市洪林印务有限公司
开　　本:710 mm×1000 mm　1/16
印　　张:10
字　　数:209 千字
版　　次:2023 年 9 月第 1 版第 1 次印刷
定　　价:58.00 元

本书若有印装质量问题,请向出版社营销中心调换
全国免费服务热线:400-6679-118　　竭诚为您服务
版权所有　侵权必究

前　言

笔者在梳理浙江省安吉县的基层治理创新行动——美丽乡村建设的发展历程时，发现这项行动诱发了基层社会的另一项治理革新——经营性治理。这种治理模式以企业经营理念为引领，以经营村庄为内容，以壮大集体经济为目标，以共同利益为纽带，形成效益与公益相统一的经营性治理模式。这种模式没有官方的直接表达，乡村通过实践来展现这种治理模式。

本书基于笔者2012—2017年在安吉县实地调研所得的数据，对安吉县经营性治理模式的形成原因、权力结构、运作机制、管理绩效等进行了深入细致的研究。在具体的叙述逻辑上，主要围绕几个相关的命题展开：安吉县的经营性治理模式是如何形成的，它对乡村权力结构产生了哪些影响，其运作过程是怎样的，取得了什么样的效果等。

经营性治理模式的形成源于新农村建设的整体推进与差异发展。地方政府通过制度创新，主动将中央精神与本地实际结合起来，形成了新农村建设的安吉模式——美丽乡村建设。在实践中，"美丽乡村建设"的品牌行动最终诱发经营村庄的产生，经营村庄因此成为影响安吉县乡村治理的新变量。在经营村庄的过程中，基层组织和基层干部在政府教化和市场涵化的作用下，不断吸收与习得经营理念和经验，逐渐掌握了企业经营管理的基本原理，并用于指导村治实践，形成了一系列经营性治理的治村理念。这一理念的实践表明，经营村庄对村级公共权力体系产生显著影响。经营村庄的绩效影响权力结构的稳定度，但经营村庄绩效好并不意味着个人权威的产生。通过对三个村庄的比较分析发现，村庄内生秩序、经营村庄的绩效、经营村庄的村落自主性是影响村庄权力结构稳定性和能人权威形成的关键因素。

从运作过程分析,在安吉县经营性治理的框架体系中,经营村庄不仅仅是一种乡村发展理念的创新,更成为乡村治理的主要内容。经营村庄肩负着农村发展、农民增收、农业提质增效等多重治理目标。基层干部群众投入了巨大的精力,对乡村治理产生了巨大影响。投资增值是乡村经营的主要内容,经营非农产业成为乡村公共权力的中心任务,因此乡村休闲旅游成为村庄集体经营的重要抓手。利益导控成为乡村治理的重要手段,共同利益平台的搭建是乡村治理的动力基础。务实理性逐渐成为乡村治理运作的重要策略。事实证明,安吉县经营性治理模式产生了良好的治理绩效:村集体经济明显增强;各治理主体参与治村的积极性明显增强;产业结构得到优化,农民就业日益多元化、收入明显提升;新农村建设步伐加快;提升了农村基层党组织的战斗力、凝聚力。

由此可见,经营性治理模式是一种产业发展与地方治理相辅相成的治理模式。通过建设乡村、经营村庄壮大产业,夯实乡村财政,进一步推动乡村建设和乡村治理。因而,经营性治理模式是一种发展中治理、治理中发展的互相促进的治理模式。安吉县的经营性治理实践最大的创新意义在于引入了新的治理要素,把乡村社会的各个利益主体和市场主体都纳入了乡村发展与治理的过程中,进而形成治理主体间的有机关联。这种关联机制不是强制与服从,而是基于利益与认同,形成了区别于其他治理模式的技术特征,当然,这种治理模式并非尽善尽美,依然有改进的空间。

目 录

第一章 导论 …………………………………………………（1）
  一、研究背景与问题 ………………………………………（2）
  二、文献回顾 ………………………………………………（9）
  三、研究思路与框架内容 …………………………………（20）
  四、研究方法与资料来源 …………………………………（22）
  五、创新意图 ………………………………………………（28）
  六、主要概念的界定 ………………………………………（29）

第二章 地域社会 ……………………………………………（32）
  一、地域社会概述 …………………………………………（33）
  二、调查的乡镇与村庄 ……………………………………（47）
  三、后税费时代的绩乡治理 ………………………………（51）

第三章 经营性治理模式的形成 ……………………………（64）
  一、新农村建设：整体推进与差异发展 …………………（65）
  二、经营村庄：美丽乡村建设的升级版 …………………（69）
  三、成长与嵌入："经营"理念植入村治 …………………（69）

第四章 经营性治理模式的权力结构 ………………………（81）
  一、国家输入的村域公共权力组织框架 …………………（82）
  二、经营村庄中的村庄公共权力组织体系 ………………（84）

第五章 经营性治理模式的运作过程 ………………………（98）
  一、经营村庄：乡村治理的重要内容 ……………………（99）
  二、投资增值：村庄经营的主要内容 ……………………（101）
  三、利益导控：乡村治理的主导原则 ……………………（104）

四、效益决策：公共决策的新准则 …………………………… (107)
　　五、务实理性：村庄治理的策略选择 ………………………… (110)

第六章　安吉县经营性治理模式的创新及价值 ……………… (112)
　　一、乡村治理中的联结问题与安吉创新 ……………………… (113)
　　二、安吉县经营性治理模式的效能 …………………………… (116)
　　三、安吉县经营性治理模式的价值 …………………………… (125)

结语 ………………………………………………………………… (132)
　　一、经营性治理的特征、优缺点与约束条件 ………………… (133)
　　二、经营性治理中的乡村关系 ………………………………… (138)
　　三、实践价值及研究前景 ……………………………………… (139)

参考文献 …………………………………………………………… (141)

第一章 导 论

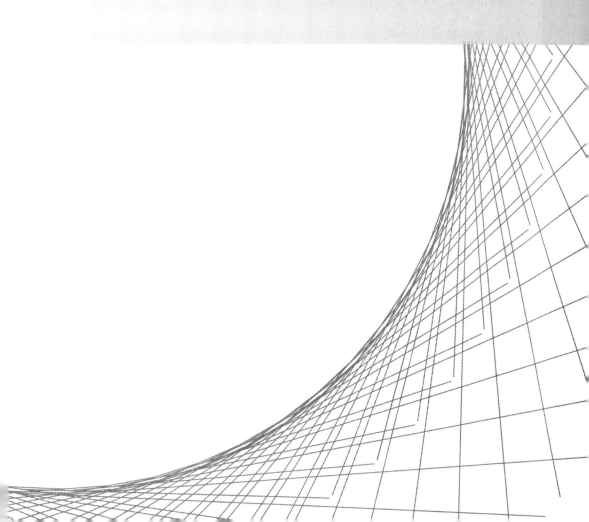

一、研究背景与问题

实现中华民族伟大复兴,是海内外中华儿女的终极梦想。然而,在通往复兴之路上,素有农村人口大国底色的中国,面临着一个难以绕开的世纪难题——现代化进程中的"三农问题"。如何破解三农困局,实现对乡村社会的有效治理,依然是各界的共同期待。

(一)选题背景

2013年以来,中央一号文件连续三年提出"改善乡村治理机制"。这一命题极具针对性,直面乡村治理领域中存在的问题,同时也说明改善乡村治理机制是一项紧迫的时代任务。

1. 现实的问题

随着以工业文明为载体的工业、城市和工人等现代文明因素的出现,与传统农业文明密切相关的农村和农民便构成了社会和政治问题。特别是对中国而言,由于现代化进程是在西方工业文明的冲击下启动的,在此情景中,作为传统因子的农村和农民问题便显得格外突出。

不同时期的乡村面临不同的现实问题。自十九世纪六十年代晚清启动现代化进程以来,作为现代化"弃儿"的农村和农民一直在衰败和危机中挣扎,到二十世纪二三十年代国民党统治时期不仅没能遏制农村衰败、克服农村危机,反而全面激化了自晚清以来乡村社会中所凸现出的全部矛盾,酿成二十世纪上半期农村空前的社会与政治大动荡[②]。对于这一阶段的乡村问题与危机,出现了不同的判断与认识。留美博士晏阳初用"贫、愚、弱、私"来概括中国农村的四大顽疾;梁漱溟眼中的乡村问题是由现代西方文明下的文化失调造成的;毛泽东认为农村和农民问题产生的根源在于帝国主义和封建主义的剥削压迫,问题的核心是土地问题,即不合理的地权关系;费孝

[①②] 徐勇、徐增阳:《中国农村和农民问题研究的百年回顾》,《华中师范大学学报》(人文社会科学版),1999年第6期。

通则认为中国农村面临的真正问题是饥饿问题。以上几位名家对中国国情和农村问题的认识虽不一致,但大致勾勒出那个时代中国的基本问题。

新中国成立以后,国家加速推进工业化,实行以工业为主导,以农业为基础的战略。由于中国是后发展国家,国家启动工业化所需的资本原始积累只能倚靠国内实现,最终的解决方案是通过税费、户籍等多项严格的制度设计形成城乡二元体制。在长期的农业支持工业、乡村支持城市的国家发展战略中,农村各项经济社会事业投入严重不足,后果不仅是缺水少电、交通不便等影响农民生活质量,甚至基本的看病就医、读书上学也难以满足[①],农民负担沉重,乡村社会累积着各种矛盾,酝酿着巨大的政治、社会风险。

为了解决"三农问题",中央作出许多重大决策,出台许多强农、惠农、利农政策,包括全面取消农业税,实行农业补贴政策,全面推进农村集体林权制度改革,推进农村新型医保与社会保障,实施农村教育补贴,推动社会主义新农村建设与美丽乡村建设等。这些决策扭转了过去长期以来实行的农业支持工业、乡村支持城市的城乡政策,转变为工业反哺农业、城市带动乡村的新型城乡政策。在这种新型城乡关系下,之前困扰乡村的一些焦点问题得到较好的解决,但因结构性体制问题未得到解决,致使乡村社会的"治理危机"没有得到解除,反而滋生了新的问题。

有研究将这一时期的治理问题概括为六个方面:其一,农村水电道路、部分基础设施、农民收入得到较大改善,但生产生活的环境却日益恶化,农村水与土壤的污染日益严重,排水、厕所与垃圾处理落后,严重地影响到农业生产与食物供应,威胁到全社会民众的健康与安全;其二,农村教育,尤其是农村青少年教育与成长环境面临着广泛而深层的危机,已经严重影响国民总体素质的提升,传统文化与美德正在流失;其三,受乡村人口外流、乡村建设规划与监管不足等因素的影响,乡村居民点正面临活力衰减、"空心村"频现等衰败性问题;其四,多重涉农利益主体之间的利益关系出现阶段性变化,但"三农"作为弱势者和利益受损方的角色和地位始终未变;其五,乡村组织治理能力呈现弱化倾向,乡村债务危机未得到化解,农村干部腐败行为频发,干部与群众的冲突不仅发生在乡村层面,也日益增多地集中在县市以上层级;其六,村民群众除了对村务管理的绩效评价稍高外,对其他方面的

---

① 徐勇:《国家整合与社会主义新农村建设》,《社会主义研究》,2006年第1期。

评价和满意度均较低等①。

不容乐观的农村形势,一直牵动着高层的神经。中央政府寄希望于农村治理体制的改善,如在2005年修订了信访条例,2006年明确提出建立新的乡村治理机制,强调乡村民众的利益诉求表达的制度建设;重视调整中央与地方政府间关系,在预算财政管理、干部管理、"维稳"体制等方面出台若干重要措施。2014年的中央一号文件强调创新基层管理服务,推动农村集体产权股份合作制改革,保障农民集体经济组织成员权利,赋予农民对落实到户的集体资产股份占有、收益、有偿退出及抵押、担保、继承权,建立农村产权流转交易市场,加强农村集体资金、资产、资源管理,提高集体经济组织资产运营管理水平,发展壮大农村集体经济。

徐勇指出,中国改革的原创力来自农民,但农民也并非唯一动力,真实的改革图景是农民群众的原始要求、基层干部的呼应推动以及地方和中央决策者的主动提升共同作用的结果②。我们从中得出,中国各项改革政策的呼应推动最终有赖于基层组织和干部的贯彻落实,乡村治理体制、机制的改善离不开基层组织的创新性工作。

2. 基层的探索

面对乡村治理中存在的种种问题,许多地方都在探索破解危机和实现有效治理的新办法。例如,2003年以来,浙江省安吉县③立足县情,不断深化农村工作,以行政村为基础,先后开展了浙江全省范围内实施的、被当地干部群众称为"农村整治"的"千村示范、万村整治"行动;2008年提出了美丽乡村建设规划;2010年出台了"经营村庄"计划,2014年以来,积极推动"五水共治"行动等。

这些承前启后的乡村行动,共同建构和推动着安吉县的乡村治理机制创新工作。乡村治理机制的实践表述是试图通过乡村建设与经营,把县、乡、村、组、户凝聚到同一个大平台上,形成"统分结合、三级负责"的乡村经

---

① 肖唐镖:《近十年我国乡村治理的观察与反思》,《华中师范大学学报》(人文社会科学版),2014年第6期。

② 徐勇:《农民改变中国:基层社会与创造性政治——对农民政治行为经典模式的超越》,《学术月刊》,2009年第5期。

③ 按照学术惯例,对文中涉及的人名、地名等均作出了相应的技术处理。

营模式,以此促进乡村产业发展,实现生态环境的最优化保护、资源的最优化利用、效益最大化获取和利益的公平化分享。乡村治理机制的理论意涵可以概括为以企业经营理念为引领、以经营村庄为内容、以壮大集体经济为目标、以共同利益为纽带,形成效益与公益相统一的经营性治理体系。

经营性治理的目的是通过乡村利益的重构,重建基层政府与乡村社会间的利益关联,形成多元的治村力量。具体来说,通过经营村庄、营造创业发展氛围、挖掘乡村产业的发展潜力,来扩大当地的就业或兼业机会,并形成可供配置的公共资源,将原子化的个体和悬浮型的乡镇政府整合到村庄发展的大局中。通过多元共治提升自我服务的能力,最终达成乡村善治。

从以上内容可以初步看出,安吉县的经营性治理具有几个重要特点,即从治理理念上,强调产业发展与乡村治理相结合;从治理结构上,强调多元主体,共建共治;从治理绩效上,强调效益与公益相统一。经营村庄在这几对关系中起黏合剂的作用。

3. 研究的问题

本书研究的主题是乡村治理模式的创新,逻辑起点是当前乡村社会中存在的实际问题,迫切要求乡村组织和社会根据这些问题做出治理方式、体制、机制等方面的改变。

改革开放以来,随着人民公社解体和村民自治的实施,我国的乡村治理模式改变了近代以来国家权力不断向乡村渗透的进程,重新开放社会自治空间,由此进入"乡政村治"时期。村民自治虽然弥补了人民公社解体和家庭联产承包责任制推行以来乡村治理权威的不足,但无法适应经济社会环境的巨大变化给乡村治理带来的挑战。

与村治相似,乡政也遭遇了各种挑战。在税费时代和市场经济的背景下,一些学者发现,乡镇政权的行为角色与其作为现代公共政权的规范相悖,主要以汲取资源为目标。由此,大量的研究把乡镇政权形容为企业经营者(如许慧文的"干部经营者"、戴慕珍的"地方法团主义"、魏昂德的"政府即厂商"、彭玉生的"村镇政权即公司"、张静的"政权经营者"和杨善华、苏红的"谋利型政权经营者"等),也都指出了乡镇政权的经营性特征。在后税费时代,一些研究发现,过去一直依靠从农村收取税费维持运转的基层政府越来越依赖上级的转移支付,基层政府由过去的"要钱""要粮"变为向上"跑钱"。

在这种形势下,基层政权从过去的汲取型政权变为了"悬浮型"政权①。简言之,乡政与村治均遭遇各种挑战,乡村治理的实际状况并不理想。

具有官方背景的学者赵树凯一针见血地指出,如果把"发展"与"治理"作为观察中国乡村的两个视角,可以说,现在基层乡村陷入了"强发展"与"弱治理"的困局。进入20世纪以来,中国农村的发展形势良好。农民收入快速增长,公共物品供给快速增加,农民生活显著改善。但是,从治理的角度看,快速的发展并没有带来良好的治理,或者说,治理的质量并没有获得与经济社会发展相适应的提升,相反,诸多方面治理的质量还在下降。这种"强发展和弱治理"的现象已初见端倪。20世纪80年代中后期,农村中以农民税费负担重、干群关系紧张、群体性事件增加为表征的冲突现象开始显现。当时,中央政府规定了农民税费负担的标准,并加强了对地方政府行为的监管。各级政府强调解决农民负担过重的根本是加快经济发展,提高农民收入。"发展才是硬道理"被提到更高的高度。20世纪90年代,农村经济保持了较快发展,但农民税费负担引起的社会冲突迅速增加,经济发展和收入增加并没有解决农民负担问题引发的乡村冲突,治理危机仍在加深②。可见,20世纪80年代开始,乡村治理的真实情况是乡村治理的质量未能和经济发展获得同步的增长,反而成为经济社会发展的短板。

是否存在一种治理模式,既能促进地方经济发展,又能同时带动地方治理,安吉县的实践似乎给出了答案。在科学发展观的指引下,安吉县在2000年左右果断地放弃了高污染、高耗能的工业化发展模式,较早地作出了"生态立县"的选择。此后,生态文明理念与社会主义新农村建设思想高度契合并在安吉县的大地上结出了硕果——2008年在全国率先开展并引领美丽乡村建设。美丽乡村建设的成功实施,不仅在乡村治理上作出了重大创新,也开创出一种新型的区域发展模式——经营村庄。我们姑且把以经营村庄为主要内容的乡村治理模式称为"经营性治理"。

本书的研究目的是通过对浙江省安吉县的经验分析,对经营性治理模式的生成机理、权力结构、运作机制、管理绩效等做深入细致的微观考察,试图找到在取消农业税的背景下,经营性治理模式的有效性、合理性以及这种

---

① 周飞舟:《从汲取型政权到"悬浮型"政权——税费改革对国家与农民关系之影响》,《社会学研究》,2006年第3期。

② 赵树凯:《基层政府:体制性冲突与治理危机》,《人民论坛》,2014年第15期。

治理模式引发的连锁反应和政治社会后果。

简言之,本书将分析如下几个命题:安吉县的经营性治理模式有什么特征?经营性治理的实施成效如何?经营性治理对于解决乡村社会的治理困境有无实质的贡献?

(二)研究的旅程

发现问题不是一件容易的事,需要经历一个往返于田野与学校的寻觅过程,也是一个由感性认识到理性认识过程。2011年暑假,笔者跟随所在研究团队赴浙江省安吉县考察集体林权制度改革进展,无意中发现此地正在全域范围内开展一项乡村建设行动——"中国美丽乡村建设"行动计划(2008—2017)(以下简称"建设计划")。依照此计划,安吉县上下通过十年的努力,能够将辖区内187个行政村全部打造成"村村优美、家家创业、处处和谐、人人幸福"的现代版"桃花源"。这无疑是一个有魄力,更是一个需要耗费巨大人力、财力、物力的行动计划。

或许是"美丽乡村"四个字本身就很有吸引力,抑或是因为受农村研究传统熏陶的缘故,自从踏上"美丽乡村"的那一刻,笔者就走上了研究的旅程。如何研究"美丽乡村",却是一件不轻松的工作。初赴安吉县时,由于专题研究的内容限制和调查的时间限制,这次调研未能更多地了解安吉县的美丽乡村建设,也未形成好的问题意识。

返校后,笔者迅速着手收集有关美丽乡村建设的资料,了解美丽乡村建设实施的制度背景,思考研究的切入点,并拟定新一轮的研究计划。不过,此时的问题意识依旧不明确,唯有再次回到广阔的田野中去获取灵感。

2012年暑假,笔者再次踏上安吉县这片久违之地。按照既定计划,笔者要先完成集体林权制度改革的基本考察任务,然后选择一个村庄蹲点,目的是详细了解美丽乡村在村庄的实施状况,最后选定的是绩乡的官村。

当笔者询问美丽乡村建设的进展时,官村书记李良显得信心满满:"我们已经进入经营村庄的阶段,我认为官村的出路就是不断开发乡村旅游、度假资源,并与市场对接。官村正在筹备乡村旅游公司,进行专业与规范的经营,我觉得我们可以利用历史资源与乡土特色资源来吸引游客。"(访谈记录:LL1,20120722)

这是笔者第一次听到经营村庄的概念,也正是这个概念让笔者喜出望外,因为它在一定程度上解答了美丽乡村建设的发生原因。经营村庄的浮出水面,让笔者感受到,"建设计划"的实施是有策略的,甚至是具有长远战略眼光的,这一点可以从官村书记那里得到进一步证实。

当笔者追问李书记对经营村庄的理解时,他向我们娓娓道来:"经营村庄是安吉县提出的新口号,经营村庄就是要把安吉县当作一个大的景区来经营。如果说安吉县是一个大景区的话,绩乡就是一个公园,而我们官村就是公园里的一个景点,我们的工作就是打造好这个景点。"(访谈记录:LL1,20120722)

据此,笔者得出一个初步的判断:"美丽乡村建设"抑或是"经营村庄",不仅是一句动听的动员口号,也是一种地区营销策略;是一种助推产业发展的手段,更是一种新的地方治理方式。当笔者把观察的视角上移至全县时,更加坚定了这个判断。早在2000年,安吉县便把重点放在经营城市,成功打造的"中国第一竹乡"与"首个国家生态县"两张城市品牌,并以此有效地推动产业的发展及产业生态转型的进程,初步尝到了"经营"两字所带来的甜头。安吉县又于2010年提出了经营村庄理念,试图打造城乡一体化的经营体系。

这次调研的另外一个收获是观察到经营村庄给乡村治理带来的积极变化。安吉县乡村干部工作热情饱满,将乡村建设当成事业一样在经营;与此同时,县、乡、村、组、户间因经营村庄而重新关联起来,广大农民群众以不同的形式参与到乡村建设中,形成了一种"上下互动"的社会氛围,乡村治理呈现出积极向上的局面。这种现象与其他地区消极治理的情况形成了鲜明的对比。

正如学界所指出的,取消农业税后,乡镇政府不但没有转变为政府服务农村的行动主体,而且正在和农民脱离其旧有的联系,变成了看上去无关紧要、可有可无的一级政府组织[①];而村级财力进一步削弱后,村干部的收入微薄,只能将工作精力主要用在政府下派的任务,对本村的事务更多的是应付[②]。安吉县独特的村治现象成为本研究问题意识的重要来源。

---

① 周飞舟:《从汲取型政权到"悬浮型"政权——税费改革对国家与农民关系之影响》,《社会学研究》,2006年第3期。

② 徐勇、吴理财等:《走出"生之者寡,食之者众"的困境:县乡村治理体制反思与改革》,西北大学出版社,2004年版,第10页。

返校后,笔者开始着手论文的开题工作,最终将选题确定为"经营村庄的政治"。在开题会上,导师组对笔者报告中提及的"经营性治理"的概念比较感兴趣,认为可以深入开展这项研究工作。笔者欣然地接受了导师组的建议,并着手制订"经营性治理"的研究计划。

2013年暑假,笔者第三次来到安吉县。此时,安吉县经营村庄的事业已经取得了巨大的进展。官村的旅游公司已经运营起来,在村企合作、人才引进与员工培训等方面做了大量的工作。游客开始络绎不绝地进村,徜徉于官村的葵海之中。值得一提的是,2013年底,官村被评为国家3A级景区,村庄建设开始纳入景区建设的轨道。

绩乡的经营村庄,从无到有,不断发展,并最终对乡村治理的结构与过程产生了深远影响,让笔者看到了经营村庄的价值所在,更加坚定了从事此项研究的信心,也更加激发了笔者建构理想类型的冲动。

二、文献回顾

在部分研究者看来,经营性治理属于能人治理的范畴。整体来看,关于经营性治理的研究屈指可数,不过,与之相关的能人治理模式研究,特别是乡村治理模式研究,可以用不计其数来形容。以下将按照相关性的强弱,分别从经营性治理、能人治理、乡村治理三个层次,系统地回顾已有的研究,以便形成讨论的基础。

(一)经营性治理的研究现状

经营性治理发轫于中国乡村社会实践。卢福营在其博士学位论文《个私业主主政的村庄治理——以浙江永康市为例》[①]一文中,对经营性治理的发生原因、运作体系、基本特征作出了开创性研究。在他看来,经营性治理的出现与农村经济能人的迅速崛起密切相关。经济能人参与基层政治生活,甚至主导村庄治理。一些经济能人主政后,将经济运作中的经营理念引

---

① 卢福营:《个私业主主政的村庄治理——以浙江永康市为例》,华中师范大学博士学位论文,2006年。

入村庄治理领域,以经营村庄为村庄治理的核心理念,以创业发展为村庄治理的工作重心,以利益导控为村庄治理的主要方式,以务实理性为村庄治理的策略选择,建构起独特的经营性治理模式。卢福营的研究认为,经营性治理是一种特殊的村庄治理新模式,是增强村庄集体能力的一种现实路径。

在经营村庄尚未成为一个普遍现象之前,卢福营的研究显得难能可贵。不过,由于其博士论文讨论的重心是能人政治,对经营性治理的相关议题未有深入的讨论。2013年,卢福营将经营性治理的研究成果以期刊论文的形式发表出来①,足见经营性治理的研究逐渐受到研究者的重视。

纪晓岚、朱逸以上海市九星村为例,延续了经营性治理的讨论,为经营性治理提供了实证基础。他们认为,经营性治理借鉴了企业管理的方式和手段,通过对村庄有限资源的集中与运用,实现了对村庄和全体村民及村庄外来人员公共产品和服务的有效供给,从而实现了村庄范围内的秩序维护,是典型的多元主体视阈下的经营性治理②。在卢福营的研究基础上,纪晓岚、朱逸的研究有两点创新,一是认为经营性治理属于多元治理,试图跳出能人治理的框架;二是对经营性治理的适用范围进行了界定,认为经营性治理主要适用于集体资源比较丰富的村庄。

以上两项难得的研究,是本书讨论的基点。同时,仅有两项研究说明经营性治理的研究还处于初始阶段。迄今为止,没有一部系统研究经营性治理的专著,相关学术论文也非常少。透过以上两项研究,我们对经营性治理的大致轮廓有了一定的认识,但还有许多值得探讨和有待拓展的议题:一是关于经营性治理的发生、发展缺乏必要的过程分析,看不清经营性治理发生的必然性与走向;二是关于经营性治理的适应性问题。在卢福营的研究中,经营性治理的发生离不开个私经济的发展与个私业主阶层的发育与参政;纪晓岚、朱逸的研究则强调经营性治理发生在集体资源比较丰富的地区。经济发展较缓,特别是个私经济不太发达的地区或者集体资源不太丰富的村庄,能否开展经营性治理,实施成效如何,缺乏系统而深入的研究;三是对经营性治理的后果缺乏深入的分析,特别是对经营性治理究竟能解决什么问题,在治理过程中又会产生什么问题未作出回应。前人到过的地方是后

---

① 卢福营:《论经济能人主导的村庄经营性管理》,《天津社会科学》,2013年第3期。
② 纪晓岚、朱逸:《经营性治理:新集体化时代的村庄治理模式及其自在逻辑》,《西北师大学报》(社会科学版),2013年第2期。

来者的起点,前人未到过的地方才是后来者摸索前行的方向。本书力图在前人的基础上继续前行。

(二)农村能人治理与能人政治的研究现状

1980年以来,伴随分权式经济体制改革和农村社会转型,一批懂经营、善管理的农村经济能人迅速成长起来,通过村民自治制度的途径介入乡村政治,成为村庄领袖人物,在村庄政治运作中居主导或支配地位,从而在中国农村基层社会上形成了独特的能人治村模式,对中国农村政治稳定与经济社会发展产生了深刻影响。

不少学者观察到这一基层政治现象。徐勇教授在1996年撰文《由能人到法治:中国农村基层治理模式转换——以若干个案为例兼析能人政治现象》,对能人及能人政治的产生背景进行了说明,提出了能人治理的特点是权威强大、权力集中、威权治理,这一治理模式以及相应的能人政治有力地推进了社区经济的发展,在能人治理下的社区有可能比其他社区更快地实现向法治型治理模式的转换[①]。他在1999年发表的论文《权力重组:能人权威的崛起与转换——广东省万丰村先行一步的放权改革及启示》对前文提到的个案村进行了跟踪观察,并试图从个案村的变化找到能人政治转换的路径。论文指出能人权威的崛起有一定必然性;随着经济变革,特别是产权的明晰化,农村基层治理将由能人治理走向法治治理[②]。

卢福营立足浙江个私经济发达的实际,观察到能人治村在浙江已属普遍现象。他在《能人政治:私营企业主治村现象研究——以浙江省永康市为例》一书中全面、系统地分析了个私业主主政、能人治理的过程与特点,并指出能人治理已成为一个亟待进一步研究的区域政治现象。在他看来,能人治村是对历史上的能人治理的传承和超越,它突破了过去的能人治村模式,形成了一种独特的能人治理新形式,是一种"个私业主主导的多元精英治

---

① 徐勇:《由能人到法治:中国农村基层治理模式转换——以若干个案为例兼析能人政治现象》,《华中师范大学学报》(哲学社会科学版),1996年第4期。
② 徐勇:《权力重组:能人权威的崛起与转换——广东省万丰村先行一步的放权改革及启示》,《政治学研究》,1999年第1期。

理"①。整体上来看,卢福营对能人治村持乐观态度。

以上简要介绍了具有代表意义的研究。从研究者关注的焦点来看,主要内容包括能人治村的成因、内在特征、成效、问题、评价等。

(1)能人治村的成因。徐勇认为,能人的崛起有其特定的社会背景,它产生于分权式的经济体制改革和农村社会转型与权力下移。华农心则从体制改革、市场发育、政府行为以及组织重建四方面阐述了能人治村的产生的根源②。卢福营认为能人治村的出现与个私经济的发展以及村民自治的制度实施存在密切关联。

(2)能人治村的内在特征。徐勇通过对广东省集体经济发达的万丰村等村的调查,总结出能人治村的特点:一是权力资源的再集中,就是将村庄的权力资源在能人手中实现再集中;二是权威的强大,能够影响和动员他人服从于自己的领导;三是个人决断式的威权治理③。卢福营则认为经济能人治村是一种民主基础上的权威政治,是一种经济能人主导的多元精英治理结构,是一种精英主导与群众参与有机结合的"精英—群众"自治④。

(3)能人治村的成效。徐勇认为能人主政的村庄由于社会动员能力强、决策迅速和效率高,从而有力地推进了社区经济的发展,中国农村的"明星村"大多为能人型治理的产物。符钢战、韦振煜和黄荣贵以中西部农村能人和浙江农村能人的抽样调查数据为基础进行研究,认为新农村建设的微观基础是村域经济,并指出农村能人的创业活动是村域经济发展的关键,能人的数量、质量与村庄发展之间存在正相关关系,培育更多的农村能人将会有助于促使贫困村转化为非贫困村,促进农村经济发展⑤。刘炳香、韩宏亮则提及,实施能人治村战略是农村发展实践的必然结果,是农民群众的自主选择,是新农村建设的现实需要。新农村建设是一项系统工程,但核心和重点是发展经济、脱贫致富。施行能人治村战略,正是解决主要矛盾、致力于农

---

① 卢福营:《能人政治:私营企业主治村现象研究——以浙江省永康市为例》,中国社会科学出版社,2010年。
② 华农心:《一个应引起重视的政治现象——中国农村能人政治分析》,《前进》,1997年第3期。
③ 徐勇:《权力重组:能人权威的崛起与转换——广东省万丰村先行一步的放权改革及启示》,《政治学研究》,1999年第1期。
④ 卢福营:《经济能人治村:中国乡村政治的新模式》,《学术月刊》,2011年第10期。
⑤ 符钢战、韦振煜、黄荣贵:《农村能人与农村发展》,《中国农村经济》,2007年第3期。

村经济发展的最佳选择。抓住了能人治村就抓住了新农村建设中的主要矛盾及主要任务,新农村建设就能收到事半功倍的成效①。

(4)能人治村的问题。作为一种治理形式,研究者多认为能人治村也有其突出的治理问题。徐勇认为能人治理其内在的、难以克服的缺陷显而易见。能人治理虽不是简单的排斥制度规范,但制度规范往往是用来约束他人,如果能人缺乏强有力的自我约制,则很容易凌驾于制度规范之上。华农心认为能人治理建立在一个超凡且近乎完美的能人的基础上,因而缺乏足够的理论依据,带有难以超越的缺陷,主要表现在能人处于不受制约的地位;社区民众对经济能人的依附;影响国家政治权威对乡村社区的正常输入。胡序杭从基层党建面临的问题出发,提到先富能人治村极有可能招致一些动机不良者钻法律和制度的空子,利用政治权力为自己谋取私利;同时先富能人治村模式在目前已显现出不断自我强化权威的趋势,忽视了透明性和公开性以及决策的公正性;此外,先富能人的带动作用在短时间内依靠的是他们自身的财力,如果时间长了,能不能促进村庄经济持久的发展还是一个未知数②。

(5)能人治村模式的评价。对于能人治村模式的评价也是众多学者关注的重点。其中徐勇、华农心的观点趋于一致。徐勇谈到具有过渡性的能人治理应向依法治理转变,这种转变在以广东万丰村为代表的一些村庄已经实现。随着农村经济的快速增长,农民不会再将自己限定为单一的"经济动物",而会提出进一步的政治要求,民主管理和社会参与将扩大,能人治理会受到必要的约制,直至最终实现依法治理。卢福营似乎并不认可能人治村的局限性。他认为"经济能人治村"是一种精英主导与群众参与有机结合的"精英—群众"自治,是村民群众根据村庄治理环境对村民自治理想制度所做的一种适应性调整和务实性创造,拓展了村民自治的形式。从发展趋势看"经济能人治村"势必产生一种具有乡土性和本土特色的能人政治现象。随着农村经济社会的发展与分化,村庄治理模式将呈现出多元化的发展格局,"经济能人治村"则成为其中的一种选择,在一些非农经济相对发达的农村地区,它已经成为村庄治理的一种基本趋向。

---

① 刘炳香、韩宏亮:《能人治村:新农村建设的战略选择》,《理论学刊》,2007年第8期。
② 胡序杭:《"先富能人治村":农村基层党组织建设面临的新问题及其对策》,《中共杭州市委党校学报》,2005年第3期。

总体而言,当前针对能人治村的研究成果已然十分丰富,不过依然存在研究空间:一是经验研究多,理论研究较少;二是对能人的生长环境和成长机制的关注较少。这也为笔者的研究提供了空间和基础。

(三)当代中国乡村治理模式的研究现状

20世纪80年代初,随着人民公社制度的解体,村民自治制度的推行,中国的乡村治理体制发生了根本性的变化,逐渐形成了"乡政村治"的乡村治理新格局。由于中国农村经济社会是非均衡发展的,而且各个村庄具有不同的历史遗存和现实基础,因此决定了中国农村村域治理模式的复杂性和多样性。这些复杂性和多样性的存在,为乡村治理的研究者提供了广阔的研究空间。

综合学界已有的研究成果来看,关于乡村治理模式的研究主要有三种研究思路:一是秉持农村经济发展和农民阶级分化的视角,认为特定阶层具有社会责任意识和参与民主政治的意愿,有利于推进乡村基层社会的民主化进程,如富人治村、能人治村、中农治村、族人治村等;二是坚持国家与社会的研究路径,研究乡村治理体制的理想模式;三是立足自下而上、自内而外的村庄社区研究视角,倾向于从农民行动与认同单位来研究乡村治理模式。

1.社会分层维度的乡村治理模式研究

1980年以来,中国社会进入了前所未有的社会转型期,伴随着改革的逐步深入和经济社会的高速发展,农村社会成员开始急剧分化和多向重组,促使中国农村社会成员结构由简单向复杂转变。在这种背景下,学界围绕某个特定的阶层来研究乡村治理模式,旨在讨论哪个阶层适合担当主政者,包括能人治村、富人治村、中农治村等。由于前文已经对能人治村做了专门梳理,在此不再赘述。

(1)富人治村。从整体上看,富人治村的研究并不多。已有的研究可按照分析视角分为以下三种类型。

第一种可称为功能的视角。这类研究主要从农村经济与社会发展绩效的角度论述富人治村模式的功能。项辉、周威锋认为农村经济精英在村庄经济发展与村级事务决策中发挥了主要作用①。党国英认为,富人群体是先进生产力的代表,他们治理村庄可以减轻农民负担,实现农民增收,而且可以带动农村经济与民主政治飞速发展。东部地区农村的经济社会结构发生了巨大的变化,这些地区的乡村居民对民主政治有强烈的需求;乡村社会中崛起的富人阶层所具有的社会性质,将会承担起这一历史重担②。任强指出,在社会区分原则已经在乡村社会扎根的情况下,先富群体能否回应农民组织的迫切需求,能否在与社区权力结合的基础上形成有效的"市场与公共服务中介"还有待实践的检验③。王国勤认为,"先富参政"的制度安排,在"有效性",即乡村经济和一般物质性的公共品供给或提升方面,无疑取得的成效是比较明显的;在"稳定"方面,只能说取得了一定的成效;而在"公正性"方面,则乏善可陈④。欧阳静在对浙江省多个村庄的实地调查中发现,富人治村改变了村治的生态环境和职能结构,村庄的公共服务得到强化,同时指出了富人治村的弊端:富人作为村干部对村治责任的担当不稳定;违规违法现象时有发生;富人上台后可能利用权力发展家族企业或转移集体资产,进一步加剧贫富分化等⑤。魏程琳等认为富人治村实践中富人以金钱投资收益为取向,破坏了基层民主政治、损害了基层治理权威。在国家法律政治、村干部的金钱运作和"无政治农民"的弱道德期待合力冲击下,中国基层政治正在"去道义化",并出现新的治理危机⑥。

  第二种是民主的视角,即把农村社会分层与先富能人的参政作为嵌入村民自治的重要变量,探讨富人治村与基层民主的关系。多数学者认为,富人治村将会促进基层民主的发展。郎友兴等认为,先富能人只是"原子"式的政治管理者,并不会形成乡村精英的利益群体,因此这并不意味着富人政

---

① 项辉、周威锋:《农村经济精英与村民自治》,《社会》,2001第12期。
② 党国英:《民主政治的动力:国际经验与中国现实》,《战略与管理》,2003年第5期。党国英:《论乡村民主政治的发展——兼论中国乡村的民主政治改革》,《开放导报》,2004年第6期。
③ 任强:《"苏南模式"的转型与乡村先富参政——兼论农村社区整合手段的变化》,《浙江社会科学》,2005年第3期。
④ 王国勤:《先富参政与民主恳谈的治理逻辑——乡村治理的结构与绩效研究》,《甘肃行政学院学报》,2009年第5期。
⑤ 欧阳静:《富人治村:机制与绩效研究》,《广东社会科学》,2011年第5期。
⑥ 魏程琳、徐嘉鸿、王会:《富人治村:探索中国基层政治的变迁逻辑》,《南京农业大学学报》(社会科学版),2014年第3期。

治的出现①。胡序杭认为先富能人争当村干部,对村级权力结构合法性程度的提高和农村基层民主政治建设的发展具有积极效应②。但是,也有少数研究认为,富人治村恰恰可能会阻碍基层民主的发展。黄俊尧指出,富人治村可能会导致精英治理格局的固化,而这与村民自治的取向相背离:先富能人与村庄其他阶层进行多种类型的社会资源交换和策略互动,改变了选举的进程和结果,影响了村庄的选举文化;他们一方面有可能对村庄的经济、社会事务做出贡献,但另一方面对"民主治村"机制的创新能力和动力均不足,从而制约了村庄内生性民主的发展③。

第三种是治理的视角。这种视角更多是微观层面的研究,主要是通过考察村庄治理实践中精英与普通村民之间的复杂互动来展现富人主政时的秩序构成。桂华、刘燕舞从村庄政治分层的角度理解富人治村指出,村庄从治理到发展的转型以及村庄的经济分层形塑了村庄政治分层。村庄内外所形成的只有富人才能带领村庄经济发展的话语,转换为只有富人才有资格参与村庄政治的话语。这种话语体系的建构固化和维系了村庄政治分层的合法性,从而固化了富人的权威④。陈锋从村庄日常生活的角度切入,揭示出"富人治村"使得贫富之间的矛盾与公私之间的矛盾纠结交错,村民对富人村干部们的道德优越感心怀怨气,少数村民选择越出村民自治的框架,通过信访等形式进行非制度的政治参与⑤。赵晓峰等认为,富人在构筑公共权力结构网络时,却为普通村民参与村庄政治树立了经济实力、道义伦理和社会活动力三大门槛,在村内形成了政治排斥⑥。此外,欧阳静基于中部农村调研研究了当地"富人治村的逻辑",她发现,这与传统乡绅的"简约治理"不

---

① 郎友兴、郎友根:《从经济精英到村主任:中国村民选举与村级领导的继替》,《浙江社会科学》,2003年第1期。
② 胡序杭:《"先富能人治村":农村基层党组织建设面临的新问题及其对策》,《中共宁波市委党校学报》,2005年第3期。
③ 黄俊尧:《先富能人参政背景下的村庄政治生活——从选举与治理的维度》,《云南行政学院学报》,2007年第4期。黄俊尧:《论村民代表会议与"先富群体治村"——民主制度建设与精英治理的平衡》,《浙江学刊》,2009年第2期。
④ 桂华、刘燕舞:《村庄政治分层:理解"富人治村"的视角——基于浙江甬村的政治社会学分析》,《中国研究》,2009年第2期。
⑤ 陈锋:《富人治村背景下的农民上访:维权还是出气?——以浙东一个村庄的农民集体上访事件作为考察对象》,华中科技大学,2009年。
⑥ 赵晓峰、林辉煌:《富人治村的社会吸纳机制及其政治排斥功能——对浙东先锋村青年农民精英治村实践的考察》,《中共宁波市委党校学报》,2010年第4期。

同,因为富人村干部很少主动地回应村庄内部的公共服务需求。她认为,当前富人治村的逻辑仍然是一种行政逻辑,而非自治逻辑①。

(2)中农治村。正是因为看到富人治村的种种弊端,一些研究开始建构一个所谓的"新中农阶层"②。受社会分层理论的影响,研究者们首先对农村社会的阶层分化作出细分。陈柏峰以赣南村庄为例,按照经济状况与就业状况将农民分为7个阶层:村庄富豪阶层、村庄富裕阶层、规模种植阶层、小农兼业阶层、外出务工阶层、乡村务工阶层、村庄贫弱阶层③。在他看来,在村庄内部有一个巨大的中间阶层,包括除村庄富豪阶层与村庄贫弱阶层外的其他五个阶层,约占家庭总数的90%。杨华以安徽农村为基础,依据农村土地耕种规模及收入状况,将农民划分为精英阶层、中上阶层、中农阶层、中下阶层、贫弱阶层等五大理想阶层。刘锐则从年龄结构、土地经营规模、社会关系网络等维度,对中农进行了概括。中农年龄多在40~60岁之间,正是从事农业生产的黄金时期,由于各种原因没有外出务工,通过亲戚朋友关系从外出务工农民手中转入部分土地,以家庭经营方式(夫妻二人为主,不雇工或短期雇工)耕种十亩以上的土地。中农可分为两种类型:一是经营部分土地、兼做其他行业,但居住于村庄,主要社会关系和主要利益在村庄;二是经营中等规模的土地,主要社会关系在村庄。④ 总体来看,学界关于中农治村的研究还处于起始阶段,对于中农阶层的界定也还没有达成一致。

虽然在概念上尚存在争议,但关于中农在乡村治理中的作用,研究者则格外推崇。在杨华看来,中农阶层是农村各阶层的润滑剂、缓冲器和整合力量;是党和国家政权在农村的阶层基础和重要支持力量;是经营小农村社的主体。刘锐指出,中农治村比富人治村具有更多的优点,如能够代表农民利益对接国家政策,是连接国家与农民的重要中间群体;因其主要经济收益与田地相关,也会在村庄公共品方面积极组织并参与建设,调动其他农民的积极性;对各个农民群体的需求喜好很了解,他们在介入村庄事务时会注重生

---

① 欧阳静:《富人治村与乡镇的治理逻辑》,《北京行政学院学报》,2011年第3期。
② 韩鹏云、刘祖云:《新中农阶层的兴起与农村基层党组织建设转型》,《理论与改革》,2014年第1期。
③ 陈柏峰:《中国农村的市场化发展与中间阶层——赣南车头镇调查》,《开放时代》,2012年第3期。
④ 刘锐:《中农治村的发生机理》,《西南石油大学学报》(社会科学版),2012年第3期。

存道义、公平、平等，注意维护村民的自尊和面子，治理方式更加柔和民主，更容易赢得老百姓的认可。因而，中农治村是一种更好的治村选择。

2. 国家与社会视野中的乡村治理模式研究

人民公社体制解体后，乡村社会逐步形成了"乡政村治"的治理体制和结构。"乡政"与"村治"如何协调统一是乡村治理的关键。徐勇较早关注到这一点。他发现，乡镇对农村社会管理的介入程度的提高与村民政策参与意识的增强，形成了一定的矛盾和冲突，建议应为乡村管理创造有利的宏观环境；合理划分乡政管理与村民自治之间的权限；规范权力主体的政治行为；改进乡政管理的施政方式①。金太军等人也从乡村关系矛盾的表现及成因作出了分析，并提出若干对策建议②。

在20世纪90年代中后期，中国出现了以农民负担不断加重、乡镇机构膨胀、干群关系紧张为表征的村治问题。"三农问题"是这种治理困境的生动表述，引导了学界和政策研究部门的研究取向和舆论动向。在追究"三农问题"责任的时候，许多研究认为应该归咎于乡镇政权的"恶"。乡镇政权研究因此成为继村民自治之后，又一个备受各界追捧的研究焦点。

乡镇体制改革的问题，即"乡镇何去何从"的问题，成为各界关注和争论的焦点，由此形成了几种代表性的主张，如徐勇提出乡村治理体制进行"县政、乡派、村治"结构性转换③，变乡镇政府为县级政府的派出机构——乡公所；郑法、于建嵘等提出在撤销乡镇政府的基础上提出实行"乡镇自治"④；吴理财依据乡镇政府处于"国家"和乡村社会之间的"第三领域"而主张将乡镇政府改造为"官民合作"组织，实行"乡政自治"；傅光明、邓大才等主张撤销乡镇政府。

---

① 徐勇：《论乡政管理与村民自治的有机衔接》，《华中师范大学学报》（哲学社会科学版），1997年第1期。

② 金太军：《"乡政村治"格局下的村民自治——乡镇政府与村委会之间的制约关系分析》，《社会主义研究》，2000年第4期。上官酒瑞：《"乡政村治"格局下的乡村关系探析》，《山西农业大学学报》（社会科学版），2003年第2期。胡庆东：《乡政村治格局中乡村关系的矛盾冲突及原因》，《南都学坛》，2004年第6期。

③ 徐勇：《县政、乡派、村治：乡村治理的结构性转换》，《江苏社会科学》，2002年第2期。

④ 郑法：《农村改革与公共权力的划分》，《战略与管理》，2000年第4期。于建嵘：《乡镇自治：根据和路径》，《战略与管理》，2002年第4期。

面对税费改革中出现的基层治理弱化问题,徐勇教授再次提出乡村治理结构改革中,应该以"强村、精乡、简县"[①]为取向,对农村利益关系进行再调整,使税费改革的好处真正为农民享受。徐勇教授敏锐地看到增强村的财力对于自治能力提升的重要意义,并认为缺乏财力的民主是"空壳民主",因为没有什么事可以民主决策,也没有多少事务需要民主管理和民主监督。

郑风田、李明认为,以往关于乡村治理结构的讨论,充分考虑了基层管理中的民主性,从政治的角度为基层结构提供了很好的管理模式,但却忽略了经济基础对农村治理机构改革的决定性作用,没有认识到当前的基层治理结构改革来自农村经济发展的压力,而非社会迫切要求。在经济基础尚且薄弱的农村,国家不可能把农村的发展一放了之[②]。郑风田主张应建立新型的治理结构,即"强县政,精乡镇,村合作"的乡村治理模式,主张强化基层政权建设,而强化基层政权建设的核心是强化县级政府的经济管理职能,建设经济辐射能力强的小城镇体系和发展村庄内部的合作经济实力,对县乡村的发展进行合理分工,可以有效带动县域经济的发展。

郑风田与徐勇的观点在精乡、强村方面是统一的,对于强县还是简县,似乎存在不一致。不过,在笔者看来,两者的观点并不冲突,郑风田的"强县政"强调的是省直管县和提高县域经济竞争力,提高统筹城乡经济社会管理能力;徐勇的"简县"强调的是机构的精简,并不反对激活县域经济活力。所以,两位学者的观点在一定程度上是互补的。对于强县、强村的主张,笔者表示高度认同。没有强的经济基础,难以良好地进行乡村治理。

3. 村庄社区研究视野中的乡村治理模式研究

村庄社区研究视角强调政策在农村的实施离不开对农村社会本身的讨论。一些研究指出,村庄社会结构不同,会导致对同样的自上而下农村政策有不同的反应,从而有不同的乡村治理模式。沿着这个思路,研究者发现,可以以农民行动与认同单位作为关键的变量来构造出不同的乡村治理模式。研究者根据家庭主导认同之上的村庄主导认同层次的强弱,将村庄划分为两个大类(原子化的村庄和非原子化的村庄)和六个小类(联合家庭、小

---

① 徐勇:《乡村治理结构改革的走向——强村、精乡、简县》,《战略与管理》,2003年第4期。
② 郑风田、李明:《新农村建设视角下中国基层县乡村治理结构》,《中国人民大学学报》,2006年第5期。

亲族、户族、宗族、村民小组和行政村)。在乡村治理模式的研究方式上,通过个案调查扩展到区域研究,并进一步解释乡村治理的区域差异。

农民认同与行动单元的视角来自对差序格局的回应和在当下农村面临的社会区域差异极大的情况下对差序格局的拓展性理解。近年来,国家权力下沉使得乡村社会基于差序格局的血缘关系面临着极大的冲击,乡村社会结构被嵌入了科层组织的环境,以及市场经济与人口快速流动使得地缘关系发生了很大变化,熟人社会向半熟人社会转变。因此,仅仅依靠原有的差序格局概念及其再诠释,显然难以对这种差别进行准确的认识。通过对家庭认同之上的主导认同层面的分析,行动单位可以成为区域差别比较的一个视角,也是政策基础研究的一个分析工具[①]。

不过,这种理论也遭受到学界的一些质疑。有学者提出在不同的事项上农民行动单位的边界是不同的;也有学者认为在同一村庄中可能存在多种类型的农民行动单位;也有学者指出在经济条件、生产和劳动力的社会化等因素的影响下,农民行动单位会有所偏离[②]。最为关键的是,村庄社区研究的视角由于过于强调村庄内生基础,而有意无意地忽略了国家权力的影响。无论我们如何系统地探讨社会基础对于基层治理的作用,都无法充分解释地方秩序的机理,因为中国农村自近代以来一直是现代民主国家改造的对象,国家权力对于乡村社会一直是"在场"的。

以上分别从经营性治理、能人治理以及当代中国乡村治理模式三个方面对已有研究进行了回顾。上述梳理不免挂一漏万,但大体勾勒了相关研究的基本框架。这些研究成果为笔者从事经营性治理模式的研究提供了重要的资料和素材、多角度的分析视野和以资借鉴的研究方法,是本书研究的理论源泉。

三、研究思路与框架内容

本书的第一章首先介绍研究的背景、研究的问题以及发现问题的过程,

---

① 吕德文:《"差序格局"的拓展性理解——行动单位的视角》,《江海学刊》,2007 年第 4 期。
② 邓大才:《农民行动单位:集体、农户与个人——兼论当代中国农民行动单位演变轨迹》,《天津社会科学》,2008 年第 5 期。

阐明经营性治理出现的趋向性及研究意义。通过梳理文献，发现国内对经营性治理的研究涉猎甚少。因此，系统地从事这项研究可以弥补这方面的不足。

第二章介绍安吉县所处的地域社会特征，对此进行全景式的描述，从整体上介绍后税费时期安吉县乡村治理的种种行为，希望给本书的写作提供一个社会事实的基础。

第三章立足安吉县新农村建设的实践，呈现安吉县基层治理创新模式——经营性治理模式的生成机理。研究发现，经营性治理模式的形成源自新农村建设的整体推进与差异发展。安吉县地方政府通过制度创新，主动将中央精神与本地实际结合起来，形成了新农村建设的安吉模式——美丽乡村建设。"美丽乡村建设"的品牌行动最终倒逼经营村庄的产生。在经营村庄的过程中，基层组织和基层干部在政府教化和市场涵化的作用机制下，不断吸收与习得经营理念和经验，掌握了企业经营管理的基本原则，并用于指导乡村治理实践，形成了一系列经营性治理的治村理念。

第四章立足安吉县官村、孝村和高村三个村庄的实际情况，分析经营村庄前后村级公共权力组织体系的变化。在此基础之上，讨论经营性治理模式的基本权力结构。研究发现，村庄内生秩序、村委班子的稳定性、经营村庄的村落自主性是影响村庄权力结构稳定性和权威形成的关键因素。

第五章围绕治理内容、治理主体、乡村经营内容，系统地分析安吉县经营性治理模式的运作过程。

第六章立足于前文的分析，总结提炼出安吉县经营性治理模式的创新点，评估经营性治理模式的治理效能及治理的价值意蕴。研究结果显示，安吉县经营性治理模式是一种将产业发展与地方治理紧密结合在一起的治理模式。通过建设乡村、经营村庄壮大了产业，产业发展的同时夯实乡村财政，从而进一步推动了乡村建设和乡村治理。因此，经营性治理模式是一种"发展中有治理，治理中有发展"的发展型治理模式。

导论和结语部分，笔者对经营性治理的特征、可以解决的问题以及转型的可能进行了讨论。总的来说，笔者认为经营性治理是一种可行的地方治理模式。

四、研究方法与资料来源

在传统的社会研究中,人文主义与科学主义是两种完全不同风格和路径的研究范式,前者侧重于主观意义的建构、理解和诠释,后者则强调研究的科学逻辑性,不能主观臆断,并由此延伸出了定性和定量两种研究方法。本书的研究内容属于质性研究,在陈向明看来,质性研究即"以研究者本人作为研究工具,在自然情景中采用多种资料收集的方法对社会现象进行整体性探究,使用归纳法分析资料、形成理论,通过与研究对象互动,对其行为和意义建构获得解释性理解的一种活动"[①]。可见,质性研究强调研究者与被研究者的互动关系,且要通过深入、细致、长期的情景式体验、调查与分析对事物获得一个比较全面与深刻的认识,主要是以描述和解释为主的一种社会研究方法。

调研中,为了解官村书记——以华西村为榜样,被当地媒体称之为"美丽书记"的李良,笔者曾经直接入住到李良书记家开的农庄。在这里,笔者可以与书记交谈,可以观察他的生活起居和思考问题、做事的方式方法,还可以通过其夫人详细了解他的为人和过去的工作经历。此外,村庄的规划师——杭州某旅行社的工作者人员徐清也长住于此,笔者后来与他发展成无所不谈且长期联系的朋友。为了了解普通农民的劳动规律及其对经营村庄的看法,笔者又入住到一家农户家中,最后与群众打成一片,才得以了解村庄的贫困户及普通群众对于经营村庄的不同看法及村庄复杂的权力关系。

为了了解普通农户的经营之道,笔者"走亲访友",曾头顶烈日,与早餐店"业主"李华一起骑着电动车,长途跋涉奔赴邻县的泗镇观摩苗木基地。为了增进与村庄精英的交流,笔者曾起早贪黑,参加党员义务劳动,虽然很辛苦,但是收获很多。此时,调研与生活已很难分开了。或许正是生活中的点滴让官村人民迅速接纳了笔者这位"外来者",为后来的深度访谈提供了坚实的对话背景和充分的沟通空间。

---

① 陈向明:《质的研究方法与社会科学研究》,教育科学出版社,2000年版,第12页。

(一)研究单位

研究单位是指研究者在研究村治时选择的基本社会单位。研究单位选择是村治研究方法论意义上的逻辑起点。学界的主要研究单位有村落、基层市场、农户、行政村、镇、县等。

中国乡村研究的主流范式是以村庄作为研究单位。以村庄为单位的研究强调的是农村社会生活的本土资源,国家与社会分析框架中社会的层面,而国家的权力及其运作则不是此类研究的关注点。因此,以村庄为单位也受到研究者的质疑:小村庄能否反映千差万别的整体农村?为了克服以村庄为个案的弊端,卢晖临、李雪提出了走出个案的四类方法:超越个案的概括、个案中的概括、分析性概括以及拓展个案方法①。邓大才也提出了超越村庄的四种代表性范式,即施坚雅的市场关系范式、杜赞奇的权力关系范式、弗里德曼的宗族关系范式以及黄宗智的经济关系范式②。

一些研究也开始从镇、县这样的研究单位作出尝试。镇是国家政府体系的末梢,它由人民公社演变而来,是农村改革的产物。镇的发展与乡村工业发展同步,乡村工业化直接促进了小城镇的复兴与繁荣。中国本土的社会学研究早在20世纪80年代就将小城镇作为一个重要的研究范畴③,关注小城镇的人口结构、经济结构、乡镇企业的发展,将之视为衔接城市与乡村、工业与农业的关键环节,以及研究社会变迁的重要切入点④。

吴毅、刘能、黄玉、欧阳静⑤等学者在近期的农村研究中陆续展开了对乡镇的研究,不过,他们的关注点更多的是乡镇基层政权的运作。虽然他们也强调乡域政治中的社区整体感,并力图"体现出乡村基层政治在体制与非体制、结构与非结构以及制度与文化的贯通方面所呈现出来的时空统一性和

---

① 卢晖临、李雪:《如何走出个案——从个案研究到拓展个案研究》,《中国社会科学》,2007年第1期。
② 邓大才:《超越村庄的四种范式:方法论视角——以施坚雅、弗里德曼、黄宗智、杜赞奇为例》,《社会科学研究》,2010年第2期。
③ 费孝通:《小城镇四记》,新华出版社,1985年版。
④ 马戎、刘世定、邱泽奇:《中国乡镇组织变迁研究》,华夏出版社,2000年版。
⑤ 在中国本土学者的著作中,以镇为单位的有:吴毅(2018)著的《小镇喧嚣:一个乡镇政治运作的演绎与阐释》;刘能(2008)著的《等级制和社会网络视野下的乡镇行政:北镇的个案研究》;黄玉(2009)著的《乡村中国变迁中的地方政府与市场经济》;欧阳静(2011)著的《策略主义:桔镇运作的逻辑》等。

完整性",但是,他们的注意力显然放在了基层政权的行动与性质上,无暇顾及村庄本身。

还有一些学者强调中国政治学的研究单位不应局限于乡村两级,而应当上升至县一级①。贺东航教授指出,"就农村研究领域而言,政治学本体的学术原理,如政治关系、政治行为、政党政治、政治体系、政治文化、政治发展等,没有派上用场,而且由于乡村属于'非正式制度'范畴,使历来擅长于'正式制度'研究的政治学科难于发挥优势,也难有施展空间"②,因此,他提出以县级作为分析单位。

不过,将研究单位上升到县市一级,调查起来是极为困难的,在田野经验的社会基础层面几乎无法操作,最后的结果就是"只见国家,不见社会"。在以国家—农民关系为主要考察对象时,如果将村庄作为研究的基本单位,所看到的往往是农村社会生活中的乡土性的层面,而忽略国家的权力在农村中的存在。相反,如果以乡镇作为研究的基本单位,当然有利于对国家因素的观察和分析,但也容易忽视农村社会生活中的那些乡土和日常生活的因素,从而导致对农村日常生活自主性的低估。

应该说,很难找到一个完美的研究单位,选择怎样的田野研究单位应由研究目的来决定。本书研究是通过经营村庄来研究经营性治理。按照此前的界定,乡村主要指的是行政村,选择的研究单位理应是村庄。然而,根据前期调查发现,经营村庄具有动员性质。因此,又必须将代表"国家干预"因素的地方政府引入进来。本书的研究单位介于村落与乡镇之间,因此将研究单位定位"村—镇",但在部分章节会提升到县一级。

(二)典型调查

本书的研究目的是通过对安吉县的深入调查与解读,提炼出一种发展与治理相统一的乡村治理模式。这种调查和研究方法实际上也是毛泽东同志所倡导的"解剖麻雀"的典型调查研究。在《寻乌调查》中,毛泽东就指出:

---

① 在中国本土学者的著作中,以县为单位的有:杨雪冬(2002)著的《市场发育、社会生长和公共权力构建——以县为微观分析单位》;周庆智(2004)著的《中国县级行政结构及其运行——对W县的社会学考察》;樊红敏(2008)著的《县域政治:权力实践与日常秩序》;贺东航(2011)著的《地方社会、政府与经济发展——对福建南部一座县级市的政治社会学考察》等。

② 贺东航:《当前中国政治学研究的困境与新视野》,《探索》,2004年第6期。

"我们研究城市问题也是和研究农村问题一样,要拼着精力把一个地方研究透彻,然后于研究别个地方,于明了一般情况,便都很容易了。倘若走马看花,如某同志所谓'到处只问一下子',那便是一辈子也不能了解问题的深处。这种研究方法是显然不对的。"[1]在调查对象的选择上,他提出并运用了两种方法,一是划类选点,把一类事物分为几个亚类继而分类调查。他曾指出:"调查的典型可以分为三种:一、先进的,二、中间的,三、落后的。如果能依据这种分类,每类调查两三个,即可知一般的情形了。"[2]二是选择同类事物中最能代表一般的个别。例如,他选择寻乌县就是因为该县"介在闽粤赣三省的交界,明了了这个县的情况,三省交界各县的情况大概相差不远"。这是从地理区位来确定典型的代表性。

诚如前文所述,本书选择安吉县作为调查的典型案例,纯粹是一种机缘巧合。安吉县是美丽乡村建设的发源地,具有建设时间久、持续性长的优点;同时也是经营村庄成效展示最充分的地方,可谓是经营性治理研究的前沿阵地。因此,在县级案例的典型性上,我事先并没有做出选择。但是在选择乡镇上却是遵循"选择同类事物中最能代表一般的个别"的原则,确定本项研究的个案是绩乡。绩乡位于湖州市的西南部,隶属湖州市的安吉县,是安吉县下属15个镇、乡、街的其中之一。绩乡原先有六个行政村,在新一轮"撤乡并村"的改革中,原先的梅村与绩村合并,因此目前绩乡只有五个行政村。选择将绩乡作为研究个案是基于实践与认识论的双重考虑。从实践层面上,由于笔者先前在绩乡的官村蹲点,对这里基层政权的运作有一定程度的了解。在认识论上的考虑有以下两点。其一,绩乡行政村虽然少,但特色各异,代表着不同的村庄类型,从经营村庄的层面看,有成功的案例,也有失败的案例;既有农业村,也有工业村、林业村;既有能人经营的典型村,也有政府参与经营的典型村。因此,绩乡特色分明的村庄使得绩乡在整体上能够代表整个安吉县经营村庄的情况。其二,绩乡虽小,但工业实力不容小觑。1990年,两家乡镇企业入选安吉县工业企业30家"最大经营规模"和30家"最佳经济效益"单位。后来,这两家企业都进行了改制,现在运营情况良好。如今的绩乡又开始实施产业转型计划,即大力发展高附加值、高科技含

---

[1] 中共中央文献研究室:《毛泽东农村调查文集》,人民出版社,1982年版,第56页。
[2] 中共中央文献研究室:《毛泽东农村调查文集》,人民出版社,1982年版,第27页。

量的新型工业,效益农业以及休闲产业与服务业。可以说,绩乡能够很好地代表安吉县的发展定位与走向。

当然,一个个案的描述性研究并不具有普适性,然而本项研究的意义在于展示地方政府、村庄精英与农户经营村庄的行为,解释行为的机制,理解经营村庄为什么发生的原因,并以此作为进一步比较研究的基础以及理论普遍化的努力方向。

(三)数据获取

根据研究的需要,本书主要使用"三角交叉检定法",即鼓励使用不同来源的资料,通过观察、书面文献或档案(主要是国家、地方政府对构建市场的相关文件)以及访谈等作为收集资料的方法。数据收集的具体方法包括深度访谈、参与式观察及档案、文献数据的整理。深度访谈与参与式观察在以下三个领域进行。

1.乡政府的有关部门

乡政府的有关部门的访谈对象为党政办公室、农村发展办公室、国土与规划建设办公室、社会事务办公室、社会事务管理办公室、社会管理综合治理办公室、经济发展办公室、财政所、公共安全监督管理中心等部门的负责人或工作人员。这一领域的访谈主要是了解绩乡的财政收入构成、乡政府参与经济活动和经济管理的方式、乡镇工业化的发展历程、乡政府在土地征用与土地开发中的行为、流动人口与劳动力资源。

2013年,笔者在官村蹲点一个月后,在导师的帮助下,顺利地进入到绩乡政府休闲经济工作站,从事非参与式观察和访谈的调研工作。值得一提的是,因为主要领导的工作重心在开发区,而笔者进入的部门是乡政府内部的休闲经济工作站,即便联系好领导访谈,访谈时间也非常有限,效果可想而知。当笔者苦于无法接近乡镇高层领导时,绩乡墙壁上的一则规章制度为笔者敲开了"胜利之门"。因为乡村干部的繁忙,"村民有事儿找不到干部"的现象时有发生,为了解决发展与服务的矛盾,绩乡制定了值夜制度,具体就是三人小组(党委书记郑农、乡长王治、常务副书记钱红)轮流带班,其他的副书记、副乡长带领各部门负责人轮流值班。这样一来,笔者就可以利用晚上的时间对乡镇干部进行长时间的访谈。

2. 企业

笔者选择的企业访谈对象主要是具有一定发展历史的企业。如安吉杭达耐火材料有限公司,其前身是1991年10月由乡政府筹资570万创办的乡镇企业——安吉金安磁性器材有限公司。1997年,安吉金安磁性器材有限公司与杭安耐火材料厂整合为股份合作制企业。根据约定,笔者在参观完企业的厂房和产品之后,再展开访谈。访谈以结构性访谈提纲为主,了解企业的发展史、经营状况。访谈的重点围绕企业与政府的关系。

3. 村庄

村庄是研究的主战场。孝村是政府开发区所在地,绩村是政府所在地,洛村是农桑文化村,观村是工业较发达的村,官村是最偏僻的林业村。访谈对象为村两委干部、村民小组组长、党小组组长、普通农民。因村庄不同,访谈内容有所区别。村庄访谈的重点是美丽乡村创建及征地、拆迁、农整,焦点是土地征用、厂房拆迁过程、征地收益的分配、土地征用、厂房拆迁之后的村经济发展与农户生计等。用于本书比较分析的村庄主要是官村和孝村,洛村则作为经营失败或受挫的一种类型进行分析研究。需要提及的是,用于比较分析的还有安吉县南部的明星村——高村,笔者多次去往该地从事调查。

上述三个领域的访谈对象一共89名。89名访谈对象的具体分布为18名乡政府官员与工作人员,9名企业负责人,15名村两委干部,47名农民。很多访谈是多次进行的。访谈数据运用"三角交叉检定法"进行比较与检验,力求保证采纳数据的客观性。

非参与式观察主要是参加乡政府组织召开的会议,特别是各种汇报会议。据观察,乡政府每周都会有大大小小的各类接待上级政府部门考察的任务,上至国家的有关部门,如中央农村工作领导小组、文化和旅游部、国家市场监督管理总局,还有各级党政考察团;下至湖州市、安吉县的机构和组织。由于官村是美丽乡村建设精品示范村,也是安吉县经营村庄第一批试点的五个村之一,前来考察的官员和访问团特别多。此类汇报是观察乡政府与上级部门互动的一个重要场合。

档案与文献资料的收集集中在乡党政办和乡档案室存档的文件、工作报告和政策法规,以及乡统计办和财政所关于乡经济发展的数据和财政收入的数据。虽然笔者在进行档案与文献资料的收集调查过程中历经重重困难,但最终还是收获颇丰。

五、创新意图

本书通过个案研究,对安吉县村域经营性治理模式的生成机理、权力结构、运作机制、管理绩效等进行深入细致的微观考察,在对该个案的呈现、阐释中得出有普遍意义的结论。

研究发现,安吉县经营性治理模式的形成与当前全国实施的社会主义新农村建设和美丽乡村建设密切相关。持续不断的乡村建设和乡村经营最终引发了乡村治理理念和方式的变迁。在乡村建设的行动中,"等、要、靠"式的维持型思维方式终将被竞争、效率、发展以及创新等发展型思维所取代。与之相对应的是,乡村治理的模式将从原来的维持型治理转向发展型治理。一种发展型的乡村治理模式,即经营性治理模式浮出水面。

像浙江省安吉县这样,通过新农村建设,持续投入和经营村庄的村庄发展案例并非个别现象,海南文明生态村、安徽美好乡村等都践行着同样的理念。实践表明,当这些品牌性的新农村建设行动达到一定的水准,如何持续地保持和继续深化成为地方实践必须面对的实际问题。解决这个问题的方案通常是以市场为导向经营村庄,吸引各类资源进村,最终实现乡村资产的不断增值,将乡村建设成果转化为资源优势、资金优势乃至区域竞争优势。可见,经营性治理的发生具有一定的内在规律。

在以往有关经营性治理的研究中,经营性治理模式的出现与社会分层密切相关,即经济能人的发育和主政,使得村庄治理呈现出经营性治理的特征,其内在逻辑图式是个私经济发展—社会分层—经济能人—主政—经营村庄—经营性治理。本书的立论逻辑是政府诱导、精英主导、农民参与—乡村建设—经营村庄—经营性治理。这些逻辑的形成不是笔者主观建构的,而是地方实践的表达。

正是因为本书的调查地点与以往有所不同,才使得本书具备不同的问题意识和创新点。本书的主要创新点在于一是在研究视角的侧重点上,除了进行治理主体的分析，重点是研究治村规则、治村内容、治理资源的变化，有别于以往侧重于治理主体的分析视角；二是从研究方法上，加入了比较分析，可以深化对经营性治理的认识。通过比较不同的村庄，发现经营性治理的模式多种多样，不同模式下的乡村治理成效也会有所区别；三是从研究策略上，紧盯经营性治理实施的约束条件，试图寻找经营性治理的一般规律；四是从研究结论上，认为经营性治理是增强村庄集体经济，是建立基层组织与基层社会密切关联，是解决乡村治理缺位困境的一种现实路径。

六、主要概念的界定

（一）经营村庄

卢福营教授给经营村庄的定义为一是指村庄成为一个经济实体；二是指对村庄集体拥有的土地、房产等经济资源实施经济开发，促进集体资产的增值[①]。

本书所讲的经营村庄，还有另一层含义，即它是乡村建设的一种实践方式。所以本书的经营村庄是指把乡村当作一家企业来经营，以经营的理念去认识、发现乡村资源特色，并在开放市场中利用外部资源，激活乡村资源，形成特色产业，促进集体资产的增值[②]，并以乡村建设的形式惠及全民。它的特点在于强调效益的同时，还要强调"公益"。

"经营"一词源自《诗·大雅·灵台》，"经始灵台，经之营之，庶民攻之，不日成之"。意思是说，文王建造灵台，认真经营，黎民百姓都来建造，没用几天就建成了。"经营"含义是经度营造，即对某种事业的组织、营运和管理。后来，司马迁把"经之营之"发展为"经营"一词来使用了。他在《史记·项羽本纪赞》里写道："谓霸王之业，欲以力征经营天下……"这里"经营"一

[①] 卢福营：《个私业主主政的村庄治理——以浙江永康市为例》，华中师范大学博士学位论文，2006年。

[②] 周蝉鸣：《基于"乡村经营"理念的城乡统筹规划探索——以四川省开江县城乡统筹规划为例》，《室内设计》，2012年第2期。

词,已明显地引申为筹划营谋的意思了,不过与现代经营学的"经营"概念仍相距甚远。

现代经营学上的"经营"是指企业根据内部条件和外部环境的变化,对企业发展方向和奋斗目标所作的战略决策,以及为获得更大经济效益和增强企业创新、发展能力所进行的经济活动①。

经营理念是贯穿企业一切经营活动的指导观念,具有提纲挈领的地位。现代企业的基本经营理念强调对稀缺资源的有效配置和利用;对经营绩效的终极关注;经营管理以顾客为中心;注重成本效益分析;员工激励是企业管理核心;创新是企业生存和发展的基本法则②。

(二)经营性治理

经营性治理是指乡村公共权力借鉴企业经营管理方式,以经营村庄为载体,共同利益为纽带,通过对乡村公共资源的集中经营,实现乡村社会公共产品有效供给、乡村内部秩序有序维护以及乡村可持续发展的过程。

就经营现象而言,经营性治理包括经营村庄与经营城市,也有学者用经营辖区③的概念来概括。本书关注的是经营村庄的现象。因此,本书所讲的经营性治理就是乡村社会的经营性治理。

经营性治理是"经营性"与"治理"的组合。治理要解决的是公益性、服务性的问题,而经营性强调的是效益性与盈利性问题。经营性治理就是要解决治理的动力机制问题,但是又要以治理为依归。由于经营村庄是以乡村建设为目标的,所以经营性治理在理念上天然地拥有了公益性。两大目标是否能够兼容,有待于实践的检验,也是本书试图回答的问题。

(三)发展型治理

治理目标是一种理想性行为。治理目标的选择和确立与治理者的主观理想密切相关,并会直接影响治理绩效。治理的理想可分为两种:一是维持

---

① 徐广林:《经营与管理辨析》,《经济纵横》,1988 年第 3 期。
② 王玉明:《公共经营及其制度安排——企业型政府理论的视角》,《理论与现代化》,2010 年第 2 期。
③ 曹正汉、史晋川:《中国地方政府应对市场化改革的策略:抓住经济发展的主动权——理论假说与案例研究》,《社会学研究》,2009 年第 4 期。

现状;二是求取发展。人民公社体制的解体,为农村基层提供了求取发展的制度空间。发展型治理即是指将村庄发展作为治理目标的治理形式①。这里所指的"发展",不仅仅是指单纯的经济增长,还应包括福利、社会公平的增进,是经济社会的全面进步。

---

① 张厚安、徐勇、项继权等:《中国农村村级治理——22个村的调查与比较》,华中师范大学出版社,2000年版。

第二章　地域社会

笔者根据本书的写作意图,本章中首先对地域社会做一个全景式的描述,一方面介绍安吉县作为山区县的地域特征,包括安吉县的自然地理、历史沿革、经济生活、地方文化等。另一方面从整体上介绍后税费时期绩乡治理的种种行为,包括激励体制与发展型治理、美丽乡村建设中的动员与参与、经营城镇与开发区治理、纠纷调解中的简约治理与复合治理等。这些介绍旨在给本文的写作提供一个社会事实的基础。

一、地域社会概述

(一)自然地理与历史沿革

安吉县在行政上隶属湖州市,在财政上属于浙江省省管县,地处浙江省西北部,位于天目山北麓,北临太湖,南接杭州。安吉县是黄浦江源头的所在地,且三面环山,地势西南高、东北低,茂林修竹,河道密布,丘陵山地占61.5%,岗地(低丘缓坡)占13.1%,平原占25.4%,属于"七山一水两分田"。县内主要水系为西苕溪,县内流域面积1806平方公里,主流全长110.75公里,出县后过长兴经湖州注入太湖,再入黄浦江。从地理空间上看,安吉县属于太湖流域杭嘉湖地区。安吉县总面积1886平方公里,2013年户籍人口46.18万,外来人口7万。

安吉县属亚热带季风气候区,光照充足、气候温和、雨量充沛、四季分明,适宜农作物的生长。11省道、04省道、杭长高速、申嘉湖高速构建起安吉县与杭州、上海、宁波等周边主要城市的交通圈,形成30分钟进湖杭、90分钟达沪宁的快速交通格局。西苕溪黄金航道直达上海港。随着商合杭高速铁路在安吉县设站和杭州城际轨道交通项目的突破,安吉县与杭州的时空距离进一步缩短,真正实现与杭州的同城发展。2014年安吉县实现全年生产总值285.06亿元,在杭州都市经济圈中排名11位(共15个县市进行排位),属于该圈内排名比较靠后的县市。

安吉建县始于东汉中平二年,至今已1800余年。东汉灵帝中平二年(185),割故鄣县南境置安吉县,县治设于天目乡(今孝丰镇),仍属丹阳郡。明成化二十三年(1487)划出安吉县南九个乡另建孝丰县,将长兴县荆溪、顺零、晏子三个乡划给安吉县。明正德元年(1506)升安吉县为州,领孝丰县。乾隆三十八年(1773)复降安吉州为县。历史上安吉县与孝丰县时有分合。1958年,撤销孝丰县建制,并入安吉县,县治设在递铺镇。安吉县在历史上进行了多次的行政区划调整。在2015年1月7日进行的行政区划调整中,安吉县由原来下辖11个镇、15个乡变为8个镇、3个乡、4个街道办事处、39个社区居民委员会和169个村民委员会。缋乡在这次行政区划调整中被划为"街道",不过,"街道"内的五个行政村的建制保持不变。

(二)经济生活

由于地貌和生态环境的差异,不同的县市在经济社会结构上会体现出差异性,这一点在安吉县经济发展方面显得尤为突出。安吉县基本上是一个山区县,其经济带有明显的山区特色。安吉立县后,随着北方人士入迁,不仅增添了大量劳动力,也带来较为先进的生产技术。唐、宋时期,占城稻的引进和推广使粮食产量有所上升。丝、茶、果等经济作物也颇负盛名。唐代中叶,丝、绵及丝织品被奉为贡品。陆羽所著的《茶经》记载:"浙西,以湖州上……生安吉、武康二县山谷,与金州、梁州同。"诗人陆龟蒙嗜茶,曾于咸通九年(868)至乾符四年(877)多次往来安吉。宋朝旧志载"安吉丝尤好""安吉绢最佳""安吉纱有名""石郭山产杨梅、供御""安吉陈公梨,东南有名""山多漆,市行漆器旧颇有名"。明天顺、成化年间(1457—1487),安吉县还盛产板栗,时为贡品。

明清之际,安吉县的竹林面积不断扩大。通过长期的实践,总结出"捏黝、钩梢、防兽、合理采伐"等育竹经验。育竹技术的进步推动了竹业发展,为安吉县成为"中国竹乡"打下坚实的基础。此时,缫丝、造纸、制陶等手工业也有发展。明嘉靖年间(1522—1566),总结出"细、圆、匀、紧"四字缫丝要诀,缫丝质量提高,每当新丝产出时,南京贸丝者络绎而至。同期,孝丰南境乡民在水流湍急处作水碓,截竹置其中,捣烂成浆,进行手工造纸。清乾隆时期,"北乡月山,业窑者百余家,生产缸甓,利颇厚[①]"。

在农业、手工业发展的同时,商业也有了一定发展。货物的运输,主要依靠西苕溪的水运。位于县境北部傍依西苕溪的梅溪镇,自唐代以来便成

---

① 安吉县地方志编纂委员会:《安吉县志》,浙江人民出版社,1994年版,第81页。

为商品进出的集散地,商品经济渐趋活跃。基于此,北宋末年有人称安吉"地富丝枲,人用饶益,豪商杰贾,万里辐辏,为东南大邑"①。不过,据历史学家陈学文先生的考证,安吉交通较为落后,商业的交易多限于县境内多余农副产品和日常生活消费品。市镇出现虽早,但发展缓慢,明代的市镇主要为安吉镇和梅溪镇。因为安吉县处山区丘陵地带,且经济以竹木生产交易为主,所以工商业较为落后。虽早在宋代安吉因丝织品质地较优,吸引商人争相采购,但到了明清时期,安吉的商品经济发展速度则不如湖郡、归安、安程、德清②。

民国初期,安吉、孝丰两县相继出现近代小型发电机、机器碾米技术、邮电、航运、银行,农、林业生产以及造纸、香末等手工作坊和城镇商业均有发展。1931年后,在帝国主义经济侵略的影响下茧价骤跌、竹材滞销、谷价惨落,农村经济陷入困境。抗战期间,由于日本侵略军的摧残,农村生产力遭受严重破坏,两县经济更趋衰败,民众生活极其困苦。同时,在战争时期,竹材禁运,毛竹大量积压。新中国成立后,共产党和人民政府的首要任务是快速恢复和发展国民经济。在三年国民经济恢复和第一个五年计划期间,完成土地改革,开展农业合作化运动,对农业、手工业、资本主义工商业实行社会主义改造,建立和壮大全民、集体企业,沟通城乡物资交流,经济实现迅速发展。1957年,工农业总产值比1949年增长1.5倍,社会商品零售额比1949年增长3.93倍。

1958—1978年间,虽出现了"大跃进"和"文化大革命",但在共产党和人民政府的正确领导,以及广大干部群众的努力下,国民经济仍能持续向前发展。1978年,工农业总产值比1958年增长1.26倍,社会商品零售额比1958年增长1.43倍。中共十一届三中全会以后,党和政府执行改革、开放、搞活经济的总方针,经济发展更快,逐步走上健康、持续、稳定、协调发展的轨道。1988年与1978年相比,工农业总产值、社会商品零售额、国内生产总值、社会总产值和国民收入分别增长2.34倍、4.63倍、3.06倍、4.48倍和2.96倍③。

---

① 安吉县地方志编纂委员会:《安吉县志》,浙江人民出版社,1994年版,第81页。
② 陈学文:《明清时期安吉县的社会经济结构——明清江南典型县份个案研究之四》,《浙江学刊》(双月刊),1996年第1期。
③ 安吉县地方志编纂委员会:《安吉县志》,浙江人民出版社,1994年版,第81-83页。

历经数届政府的不懈努力,安吉县经济成功实现了三大转变,完成计划经济向市场经济的转型,顺利完成了国企、乡镇企业向民营化的转制,工业经济逐步向绿色化发展转变①,经济发展呈现跨越发展的态势。2014 年,安吉县完成地区生产总值 285 亿元,完成财政总收入 50.05 亿元,城镇居民、农村居民人均可支配收入分别达 37963 元和 21562 元②。这些成绩的取得与近年来安吉竹业、白茶、椅业、旅游业以及新型产业迅猛发展密切相关。

1. 毛竹

安吉自古产竹。竹子,是上天赋予安吉的自然资源。安吉竹业发展历史悠久,规模优势突出,以全国 1.8%的竹资源创造了全国近 20%的竹业产值。回顾安吉竹产业的发展史,其实是安吉人民不断创造的过程,更是安吉不断与世界相互融合的过程。在以竹致富的道路上,安吉人不得不感谢开拓者朱岳年。20 世纪 50 年代,为响应发展生产合作社的号召,时任双一大队(现称双一村,隶属于安吉县递铺镇)党支部书记的朱岳年带领群众成立了当时全县第一个林业社,开拓了毛竹丰产之路,不但总结了毛竹产业 8 项丰产技术措施,还显著扩大了毛竹林面积和提高了毛竹的蓄积量,引起了国家的重视。全国第一次竹子学术讨论会在安吉召开,同时也实现了竹制品登上全国农业展览会的展台。

1989 年前,安吉的竹产业发展还处于初级阶段,除了在竹林的经营培育上有所拓展,在竹资源的利用上还是很欠缺。竹子只是简单地被用于建筑工地搭脚手架,农民编簸箕或菜篮、小筐,或是粗加工成竹筷、凉席等。拥有百万亩竹林的安吉农民,守着"绿色银行"却致富无门。

据县志记载,1989 年 3 月,日本大荣株式会社与安吉港口乡合资 1000 万元创办了第一家规模化水煮笋加工企业——浙江大荣食品有限公司,这

---

① 安吉县在向绿色转型发展的过程中,有一个小插曲。20 世纪 80 年代初,酣睡在青山绿水怀抱中的安吉被改革开放的春雷惊醒,打开山门且发展心切的安吉引进了印染、化工等污染重、能耗高的项目,一时间,青山绿水变成了白山灰水。痛定思痛,安吉县委、县政府毅然作出决定,走"生态立县"之路。1998 年,国务院实施太湖治污"零点行动",安吉县顶住压力关闭了全县第一利税大户孝丰造纸厂,关、停并转 20 多家小造纸、小化工企业,从全面实施完善生态公益林保护开始,全力推进生态建设工作。2001 年 1 月 17 日,县委、县政府作出了决定安吉发展方向的重大决策——关于"生态立县——生态经济强县"的实施意见,自此,安吉走上了保护生态文明的科学发展之路。

② 安吉县政府工作报告,2014。

是县内首家合资工业企业。同年9月,在有关部门的牵线搭桥下,台胞庄志杰带着资金、技术、设备和市场走进了安吉,独资创办了安吉明志竹制品有限公司,主要生产竹凉席、竹地板等出口日本市场的竹制品。由此,安吉的竹子加工实现了从手工向机械发展这一质的跨越。安吉明志竹制品有限公司成为安吉竹产业发展的人才摇篮,当时的很多技术工人如今都成为竹产业龙头企业的负责人,安吉的竹制品加工企业如雨后春笋般纷纷拔地而起①。

为大力发展竹业经济,1997年正式开业的安吉"中国竹业城"是浙江省当时最大的竹制品、竹工艺品专业贸易市场。2006年重新启动的"中国竹子之乡"评选,评选结果将安吉县列在了榜首,充分肯定了安吉在组织管理、竹林资源培育、竹业加工利用、竹业效益、科技水平等方面取得的成就。2007年首届中国(安吉)国际竹产品贸易博览会在历经三年精心建设与筹备的国际竹艺商贸城隆重开幕。

据统计,2008年全县竹林面积已达108万亩。2008年底,安吉县竹产业总值108亿元,全县农民依靠竹产业平均增收6500元,占农民总收入的60%。2009年,安吉竹产业总产值达112亿元。2010年,安吉竹产业总产值达到了115亿元左右②。竹产业已成为安吉的支柱产业。随着人口老龄化和外出务工经商人员的增加,安吉劳动用工成本逐年增加,近年来,砍毛竹的雇工成本一般在200~250元/天,农民的毛竹收益也在不断下降。根据入户调查的结果,一度(两年)毛竹的户均收入为8000~10000元。所以,普通农户的实际毛竹收入比官方统计数据要低一些,而且许多农户并没有将自己的劳动折合在投入成本的计算当中。

2. 白茶

安吉白茶经过了30多年的发展,如今已走出浙江,走向全国,而安吉白茶除在原产地种植生产外,其种植地也已遍布全国各产茶区,面积超80万亩,且仍在增加,可谓产在全国、销往全国。安吉白茶的发展可分为三个阶段。一是发现研究阶段。20世纪80年代初,由浙江省农业厅牵头对安吉境

---

① 吴孝云:《安吉竹产业发展研究》,浙江工业大学硕士学位论文,2011年,第9-10页。
② 《安吉年鉴》(2009—2010),第25页。

内原始茶树种群进行挖掘时,在天荒坪镇发现了仅存的一株百年白茶王,经科技人员的研究,将单株母树通过无性繁育手段于1989年种植了3.2亩。二是小规模种植阶段。安吉白茶的自然特性为业内人士称赞。1996年初,溪龙乡政府提出建设千亩白茶基地,大力扶持发展白茶种植。安吉白茶规模种植于1996年起步,到1998年茶园面积达到2800亩。三是产业化发展阶段。1998年后,安吉县政府针对发展安吉白茶出台了相关优惠政策,鼓励农户种植,并在管理和宣传上加大力度,至2012年,全县白茶产量达1200吨,产值达13.6亿元。这期间,安吉白茶于2001年获全国原产地证明商标,2004年获国家原产地域产品保护,2008年获中国驰名商标和中国名牌农产品称号。

安吉白茶在市场竞争的浪潮中,发挥其诸多得天独厚的优势,成为造福一方的茶中明珠。安吉县白茶种植面积10万亩,种植户5800余户,加工企业350家,专业合作社31家,安吉白茶产业链从业人员达到20多万人。2012年,安吉白茶促使全县农民人均增收超3000元①。白茶的价格历来不稳定,其价格主要取决于白茶的采摘时间、白茶的品质、人力成本以及白茶的数量,清明前后采摘的茶价格较高。近年来,全国白茶种植的范围增加和农药化肥的使用,造成白茶品质上的参差不齐,也给当地的茶农带来了收益上的巨大冲击。此外,白茶历来作为高档礼品,近年来的销路受阻。诸多不利因素的叠加,给安吉茶农增收带来极大困扰。一些茶农开始寻求政府的保护,要求制定获取白茶品牌的准入制度和白茶的市场保护价制度;还有一些茶农开始尝试种植黄茶,开拓新的茶叶市场和增收渠道。据说,黄茶泡出的形态像"黄金",目前在市场上很受欢迎,一斤黄茶的市场价为2000~3000元,是白茶的数十倍。

3. 椅业

转椅是继毛竹和白茶之后,安吉的第三块产业品牌。2003年,安吉被中国轻工业联合会和中国家具协会联合授予"中国椅业之乡",这也是中国内地目前唯一获得这一殊荣的县级地区。安吉几乎占了全国中低档转椅

---

① 刘元义、游继芳:《"安吉白茶"可持续发展的调查与研究》,《茶叶》,2013年第39期。根据笔者入户调查的结果,"3000"这个数字是比较合理的,但是还存在一定的浮动。

产量的1/3。2014年,椅业完成产值167.8亿元,超过了竹业和白茶产业的总和。

安吉椅业发展也大致经历了三个阶段。一是初创阶段,安吉县的椅业产业起步于20世纪80年代初。1982年安吉科教设备厂与上海同济大学、北京大学等高校联合研制开发出第一把五轮转椅,成为全国最早生产五轮转椅的企业之一。该产品具有造型新颖、使用方便、功能多样等明显优于传统坐具的特点,因而在市场上供不应求,转椅生产得到迅速发展并走向全国。二是内销阶段,转椅业为安吉县打开了一座致富的金矿。1992年,邓小平在视察南方期间发表重要谈话后,除了之前的国有企业,私营企业、个体户纷纷加入转椅生产行列,生产要素进一步聚集。这一时期是转椅业开始进入快速发展的阶段。不过好景不长,安吉县转椅产业也开始逐渐暴露出企业规模偏小、市场竞争无序、行业缺少规范等一系列的弊端,致使安吉县的转椅产业在20世纪90年代后期陷入了低谷,许多知名企业纷纷倒闭。三是以外销为主的快速发展阶段。安吉县大康椅业集团买断了西安市最繁华地段的商业广告经营权,这次品牌宣传,赢得了西安市转椅市场80%的占有率,更使大康椅业集团的销售网络遍布全国各地。大康椅业集团的这一举动促使安吉的许多家转椅企业更加重视积累自己的品牌效应,安吉转椅产业也从单纯的量的扩张发展到了质的提升阶段[①]。2015年1月,永艺股份成功上市,标志着安吉椅业再次腾飞。

4. 旅游业

自1997年以来,安吉通过经营环境(生态)、经营村庄,旅游业实现了从无到有的历史性跨越,并保持持续较快发展的良好势头。2010年,全县接待游客648万人次,旅游收入35.18亿元,门票收入1.02亿元,分别比上年增长19.2%、59.6%、20.2%,在"十一五"期间,分别保持了年均21.6%、53.6%、38.2%的增长率,增幅较为明显。同时,安吉地处长三角区域的几何中心,随着交通条件的不断改善,安吉已融入苏州、杭州1小时经济圈,宁波、上海、南京3小时经济圈,区位优势日益凸显。客源从最初的以上海、杭州为主,逐步覆盖

---

① 肖安荣:《安吉椅业的崛起与启示——从安吉椅业的发展壮大看改革开放30年》,《当代社科视野》,2008年第10期。

长三角地区,并向南方、东北地区外扩。安吉县已成为长三角地区中、短线旅游的最佳目的地之一。

综合看来,安吉县旅游业总体效益增长较快,乡村旅游先人一步,但受"假日经济""周末经济"的限制明显,相关经济指标局限于量的增长,无法实现质的突破。由于安吉县景区产品以山水观光为主,受季节变化影响较大,同时游客以中、短线为主,出游时间较为集中,客流量因此呈现淡、旺季"冰火两重天"的明显差异。以辖区内的4A级景区百草园为例,2013年"五一"期间日平均接待游客达1.24万人,而平时每天仅1500人左右[①]。除江南天池滑雪场外,安吉县大部分景区冬季适游性较差,冬季旅游尤为薄弱。这种"假日经济"导致景区设施、配套服务形成平时(淡季)闲置、假日(旺季)紧缺的现象,制约旅游资源的高效利用,严重影响景区和地方住宿餐饮业的经济效益。

由于乡村旅游业的投入大,见效相对较慢,普通农户成为经营者的不多,通常是以基层政权组织为单位进行经营,如辖区内的山川乡,成功创建全国首个4A级乡域大景区;官村、高家堂村成功创建为国家3A级村级景区。因此,乡村旅游对乡村基层干部提出了更高的要求。反过来,乡村旅游业的发展催生了一支善于经营村庄的干部队伍。

此外,安吉的新兴产业也迎来了快速发展。2014年,五大新兴产业完成产值204.6亿元,其中装备制造业产值73.5亿元。创新驱动成效明显,实现规上高新技术产业增加值28.1亿元。新增国家高新技术企业21家,省级企业研究院3家。完成技改投入48.7亿元,成功创建市级"两化融合示范企业"3家。新建院士专家工作站2家。新增股份制改造企业4家,完成小升规企业30家,实现"个转企"484家。

总体而言,受山区的影响,安吉的经济形态呈现出"农商经济"的特征。农商经济是安吉人民在长期生产生活实践中形成的一种半工半农、亦农亦商、农商结合、工商兼顾的一种经济类型。在农商经济中,农业是手工业、工商业的基础,大部分农民依然从事农业生产或与农业密切相关的产业。农村不仅是农民生活的场所,也是创业发展的场所。

马克继在研究云南回族文化时发现,回族的农商文化在历史上与回族

---

① 2014年安吉县政府工作报告。

经济的发展是相协调的,在不同的时期有不同的表现形式。当有良好的商业环境时,回族的农商文化就表现为以商业为主,兼顾农、工、牧、副等其他行业;当处于较为艰难的政治环境,没有好的商业环境时,回族就以农为主,兼顾其他行业,回族始终没有放弃诸业并举的农商文化传统[①]。安吉县的经济发展也呈现出这个特点。

2013年安吉县统计年鉴的数据表明,安吉县总人口为46.1万,而非农人口为13.4万,真正脱离农业的人口只占总数的29%,不足1/3。但与此同时,并不是大多数人只从事农业生产,而是存在大量的兼业现象。这种模式是一种稳定的发展模式,但也容易形成"小富即安"的习惯和弱化农户抵御风险的能力。

(三)地方文化

美国著名人类学家克莱德·克鲁克洪认为,"文化是历史上所创造的生存式样的系统,既包含显型式样又包含隐型式样;它具有为整个群体共享的倾向,或是在一定时期中为群体的特定部分所共享"[②]。在长期的共同生产和生活中,安吉人逐渐形成了自己独特的地方文化,包括竹文化、茶文化、安吉文化、山民文化、畲族文化、孝文化、移民文化、生态文化、古驿文化等。其中,更能代表安吉县区域特色的地方性文化有以下四种。

1. 竹文化

安吉县是中国著名竹乡。以"竹"闻名的安吉,在诗人的笔下更是别具特色——"修竹拂云当户耸,暗泉鸣玉绕亭飞""石笋嶙峋高接天,筼筜满岫涵风烟"。在安吉县1886平方公里的土地上,不论是山地、丘陵,还是河谷、平原,漫山遍野都是青青翠竹。"此州乃竹乡"是唐代大诗人白居易对安吉景观的精确概括。四季常青的竹及形态各异的竹景观,为安吉赢得了中国竹乡的美誉。在如此丰富的竹资源条件下,安吉人民"食者竹笋,庇者竹瓦,戴者竹笠,烧者竹薪,衣者竹皮,书者竹纸,履者竹鞋",与竹结下了深厚的情

---

① 马克继:《云南回族农商文化传统与经济变迁》,中央民族大学博士学位论文,2005年,第104页。
② 转引自李宗桂:《中国文化概论》,中山大学出版社,1988年,第6页。

谊,并形成了内涵丰富的竹文化①。

(1)竹与民风民俗。安吉以竹子多而闻名,安吉居民在吃、穿、用等各个生活环节都与竹子结下了不解之缘。在吃的方面,鲜美的竹笋是居民餐桌上的家常菜,用竹子加工成的美酒、饲料和制成的中药不仅在当地很有名气,在海内外也享有盛誉;在穿的方面,心灵手巧的安吉人用竹子编制了各种精美实用的帽子、斗笠、上衣和鞋子等,在当地经常可看到身着"竹装"的村民;在用的方面,竹席、竹椅、竹骨扇、竹家具、竹地板、竹鼠标、竹键盘等,从居家摆设到田里的劳作工具,大多都是以竹子为原料制成的。当地居民都非常喜欢使用竹制品,特别是夏天,使用竹制品可以起到消暑纳凉的作用。另外,在娱乐方面,竹子可制成各种玩具。竹编、竹雕、竹画则是高档的艺术品,既显示出竹子的妙用,也显示了当地高雅的文化氛围和丰厚的文化底蕴,还因此形成了不少名家流派。"竹笋可食,竹枝为帚,竹梢作柄,竹壳可织,竹兜宜雕",竹子真可谓全身都是宝②。

(2)竹的产业。竹资源丰富,竹产业发达,"一根翠竹撑起了百亿元大产业",以"占全国1.8%的竹资源创造了全国20%的竹业产值"。安吉县农民种竹积极性很高,全县三分之一的劳动力从事与竹子有关的职业。安吉县曾有"养一个儿子,不如多育五亩竹子"的说法,竹子成为农民养老的重要支柱之一。安吉竹子的良好长势,还与科技培育有关。我国首座毛竹林碳汇通量观测塔落户于山川乡毛竹现代科技园区,自动喷灌、竹腔施肥、视频监控等现代科技元素随处可见。据园区工作人员介绍,通过科技种竹,采取竹林冬季覆盖增温、测土配方施肥等技术措施,实现了"春笋冬出",每亩竹田产竹材达3吨以上,实现年产值万元以上。

加工和贸易,是安吉竹产业发展的动力源泉。安吉县通过加工提高了科技附加值,延长了产业链;通过贸易扩大了市场,促进了竹产业发展。安吉县竹产业实现了从卖原始竹到竹深加工、从用竹竿到用全竹、从物理利用到生化利用、从单纯加工到链式经营的"四次跨越",实现了全竹利用。竹片做地板、家具和窗帘,竹鞭、竹笋壳做工艺品,竹屑和加工废料做竹炭,竹笋做食品,竹纤维做衣服,竹叶提取物做竹保健品、竹饮料,一条200余种产品

---

① 樊宝敏、李智勇:《安吉县竹业发展经验与启示》,《世界竹藤通讯》,2003年第1期。

② 骆高远、刘旭、童海芳:《安吉竹文化与旅游》,《浙江师范大学学报》(社会科学版),2007年第5期。

竹循环经济链"兼收并蓄",使竹子物尽其用。据初步测算,一根楠竹初始价值为15元,经过加工与贸易,最终价值达60多元。

安吉县积极开拓市场,大力发展竹制品贸易,由省内市场不断向江苏、上海、北京等省外市场渗透,由东南亚市场向美国、德国、意大利等欧美国家乃至全球市场拓展,做到国内、国际两个市场"内外兼修"。2011年安吉竹产品在湖北市场的销售额达7亿多元。安吉国际竹艺商贸城拥有经营户700余户,是浙江省竹制品集散中心,并成功举办了五届竹制品贸易展览会,年成交量近10亿元。全县百余家竹木草制品企业从事出口贸易,70%竹产品出口,销往30多个国家和地区,年出口总额3.5亿美元[①]。

(3)竹与生态旅游。安吉县一流的生态环境深受投资者的青睐,生态优势成为新的竞争优势。竹子集传统文化与森林文化于一身,凭借优美的生态和竹乡特色,"处处都是景"的安吉已成为"长三角"城市观光旅游休闲的"后花园",实现了从卖竹产品到"卖风景""卖文化",竹产业不断升级转型。竹博园和大竹海都成为国家4A级景区。2014年,山川乡成功创建全国首个4A级乡域大景区。同年,全县全年接待游客1204.8万人次,旅游总收入127.5亿元。

竹文化是安吉人民在世代繁衍中逐渐形成的。安吉人民创造竹文化的过程,也是锤炼自身性格的过程,对自身的价值取向、处世态度、行为准则等产生的独特影响,逐渐凝练成安吉人勤劳务实、开拓创新、乐观豁达的品性。

2.安吉文化

吴昌硕(1844—1927),浙江湖州市安吉县人。他的艺术达到熔诗、书、画、印"四绝"于一炉,是中国近现代书画艺术发展过渡时期的关键人物,与任伯年、蒲华、虚谷并称为"清末海派四大家"。吴昌硕的书画艺术另辟蹊径、贵于创造,最擅长写意花卉,他以书法入画,把书法、篆刻的行笔、运刀、章法融入绘画,形成富有金石味的独特画风。他以篆笔写梅兰,狂草作葡萄,所作花卉木石,笔力敦厚老辣、纵横恣肆、气势雄浑,构图也近书印的章法布白、虚实相生、主体突出,画面用色对比强烈。

---

① 数据来源:2012年5月26日,陪同湖北省林业厅的领导干部考察安吉县竹产业发展状况的访问资料。

吴昌硕是安吉人民的骄傲,其求学处世的态度对安吉人产生着潜移默化的影响。吴昌硕纪念馆的工作人员程永军认为,吴昌硕精神至少包含四个方面:一是一世耕耘、毕生追求、其志坚毅,具有顽强的刻苦钻研精神;二是推陈出新、勇于探索、胆识过人,具有勇敢的拼搏精神;三是治学严谨、精益求精、技艺超群,具有勇攀高峰的精神;四是爱乡爱民、以诚待人,具有强烈的爱国主义精神。

实际上,笔者认为,吴昌硕精神还应包括勤俭。据吴昌硕的曾孙吴超、吴越描述,吴昌硕一直践行俭朴的家风。"他的一件长衫已经很破很旧了,他还在穿。还有就是家里的电灯,开的时间长了如果不用,他肯定要去把它关掉。""同辈们都购置各种东西,家中陈设常换,但他没有,一直保持原来俭朴的生活。我们纪念馆这里有按照老先生原来的书房布置的样子,还有他的家具,他的家具就是完全不成套的,只要能用就可以了。"①

3. 移民文化

根据县志记载,1860年前后,太平天国运动波及原安吉、孝丰两县。战乱、瘟疫及饥荒等造成本地人口的锐减。其时安吉县人口损失率为96%,孝丰县高达97.5%。1871年后,清朝实施"招垦""招佃"政策。河南、湖北、安徽和浙江省宁波、绍兴、温州、台州等地乡民先后迁入。从清咸丰、同治年间大规模的移民潮,到民国期间不间断的移民,致使如今的安吉人上溯祖辈,绝大多数皆为外来历史移民。受历史移民文化的影响,形成了如今安吉民间习俗的差异性和乡土文化的多样化。

按照孝丰、递铺、梅溪传统的区域划分,以孝丰为中心的南部、西南部山区人民大多以手工业为主,靠山吃山,生活闲适,不拘小节;以递铺为中心的中部丘陵地带人民大多从事庭院经济,做些小生意,精明而有包容性;以梅溪为中心的平原地区人民,大多从事航运或水上作业,性格较为外向。

不同地方的移民后裔在清明、端午、除夕和元宵等传统节日方面,也往往保留了祖籍家乡的习俗,有明显的区分,有时隔村便不同俗。不同的移民后裔,在生产习俗、生活礼俗、饮食习惯等方面至今还或多或少表现出某种

---

① 顾村言、陈若茜:《吴昌硕先生诞辰170周年——专访吴昌硕曾孙吴超、吴越》,《东方早报》,2014年10月8日。

差异。至于在民间歌舞、地方戏曲等文艺活动方面,移民传承的地方差异更为明显。

如递铺镇的民间艺术活动就有青龙、老龙、小黄龙、双龙吉庆、鳌鱼灯和旱船等6种;再如鄣吴镇,因受历史移民的影响,民间艺术活动较为活跃,有舞龙、舞狮、旱船、马灯以及傩舞等;河南、安徽移民村落,喜唱山歌、小调,河南人正月十五"过大年"的习俗也沿袭至今;湖北移民的民间艺术活动有正月闹元宵、玩花灯等;昆铜乡上舍村的"化龙灯",已有300多年传承历史。

据2006年浙江省"民俗民间文化遗产"普查结果,安吉共有各类民俗民间文化样式119项①,将近占整个湖州市总量的二分之一,仅首批民间舞蹈类非物质文化遗产就达28项,这也成为"卖文化"的基础。

4. 生态文化

安吉人良好的生态观并不是现代才有的,先贤自觉的生态意识早已在这片土地上延续几百年,独特的生态文化在当代新农村建设中依然从历史走向现代,成为建设"美丽乡村"的文化源头。安吉优良的生态环境,既缘于大自然造化,亦归功于历代人呵护。"阊村公禁碑"和"奉宪禁碑"即乡贤悉心保护环境之历史明证。它们可视为古代安吉的环保公约,邑人重生态、爱家园之乡风源远流长。

"阊村公禁碑"立于清朝光绪十一年(1885),由鄣吴贤士倡议而立,碑文共7列259字,内容为严禁砍伐林木、保护生态环境。该碑原矗于村东关帝庙,后被湮没,2005年掘而现之。发起人中吴昌硕赫然列名,可见一代艺术宗师情系生态之意绪。原碑记提及县令刘公之谕,亦可见昔日地方政要注重生态保护之卓识。这表明早在120年前,先人就已有强烈的生态环境保护意识,并以一种类似于乡规民约的形式付诸行动。2005年,安吉县人民政府将该碑移至生态广场,新塑基座,并镌《移碑记》,旨在仰承先贤遗风、弘扬生态文化。

另清代安吉官府曾在多处勒立"奉宪禁碑",以护养竹林资源。"奉宪禁碑"的字体为清秀工整的楷体,碑高150厘米,宽70厘米,厚20厘米,重200多斤,字迹清楚,刻工精细。奎文为凹文正楷繁体字,碑文共20列,首列文字

---

① 薛建国:《美丽乡村,引来熊猫"移民"》,《钱江晚报》,2009年6月26日。

为"特授浙江省湖州府安吉县正堂刘为遵宪勒石永禁事……",立于"大清嘉庆十三年(1808)"。碑文内容大致为余杭临安武康安吉孝丰县界址交接,山多田少,居民生息全赖山竹冬笋,别县的竹匪经常结党成群,逞强刨掘冬笋,侵损山场,是竹林资源的一大祸患。因为幼笋被刨,竹子难以成林,为遏止寇风,官府立碑严立章程。每届冬令时节,如有匪徒偷笋,则严加查拿,罚其永远禁止开设笋行。工整端庄的碑文排列,语气措辞的铿锵有力,"以凭严究,断不姑息"云云,颇具震慑力。

有关"奉宪禁碑",同治版《安吉县志》记载:"(毛竹)大年则全赖冬笋、春笋,稍一掘之便难成林,乡民生产无着。故清乾隆十六年(公元1751年)绅士吴洪范等,嘉庆十年(公元1805年)绅士张晋辅等,迭次以偷笋呈控县宪刘洪、府宪德善、臬宪德张,迭奉批准勒石严禁,石碑现在县署大门外,于此以昭法禁。"原立于安吉县衙门前石碑因日久湮没,已无从稽考,尚存的石碑在今递铺镇双溪口村。

据《安吉林业志》记载:"民国时期孝丰、安吉县政府多次张贴布告,禁止盗挖冬笋、春笋。森林警察队把护笋作为重要任务,笋期常驻大年竹区,巡山护笋"。

新中国成立后,护笋养竹受到进一步的重视。1950年4月,安吉人民政府发布《护林公告》,严禁"藉渡荒为名,滥伐森林,盗挖竹笋"。1958年,孝丰县人民政府颁发布告,规定"大年竹林只挖退笋,不挖好笋"。自觉的生态意识可谓世代相传。

1980年,在"无工不富"浪潮的冲击下,发展心切的安吉不甘落后,学习"苏南模式""温州模式",试图通过发展工业来振兴经济。不过,受制于交通、产业基础等,安吉发展的是印染、化工等污染重、能耗高的项目,逆生态成长,最终付出沉重的代价。1998年,安吉收到国务院的"黄牌"警告。1999年,安吉人开始重新审视生态建设。近年来,安吉生态工业、生态农业、生态旅游和生态城镇建设取得了令人瞩目的成绩,很大程度上源于传统文化的濡染。

历史传承的种种文化因子凝练成了具有鲜明的安吉地方特色的区域文化,形成充满特殊魅力的核心文化力。在1980年以来的改革与发展中,这种地方文化对安吉人民的思想和行为产生了不可忽视的影响,构成了强大的精神动力,极大地促进了经济社会的发展和政治民主化的进程。同时,改革开放和现代化建设的政策,进一步地激发了安吉人民开拓进取、务实创新的智慧和勇气,陶冶了安吉人民崇学、勤俭、务实、创新的优秀品行。在经营村庄的背景下,多元璀璨的安吉文化不仅为安吉人民提供了干事创业的强大精神动力,还直接将文化力转化为资源力与生产力。

二、调查的乡镇与村庄

　　村镇是本项研究的具体实施对象。前文已经介绍了挑选绩乡作为研究对象的原因,敲定乡镇后,再依据当地的实际情况,有选择性地挑选除官村以外的另外两个村庄作为比对的样本村。绩乡位于湖州市西南边陲、安吉县中西部,距县城15公里,距历史名镇孝云镇8公里。乡域面积约50平方公里,由此可见,绩乡是一个小乡镇,且大部分为山区。林地面积32000亩,耕地(水田)面积9046亩。绩乡下辖5个行政村、38个村民小组、104个自然村,总人口9702人。其中,外地人口1850人,集中分布在孝村与观村的工业园内①。绩乡地图呈"鸡"状(见图2-1),像袖珍版的中国地图。历史上,绩乡人口起源于中原人口的迁徙,据《绩乡志》记载,西晋"永嘉之难"和北宋"靖康之难"后,北方人民为避乱而大量南徙,成批移民入境定居。清康熙至乾隆年间(1662—1795),又有一批移民迁入。太平天国运动发生后,绩乡人口锐减,土著人口不到原来的1/10,仅存姚、吴、陈三姓。自清同治末年起,来此垦荒的移民逐渐增多,其中以原籍绍兴、宁波、台州所属县居多,河南、安徽、湖北次之。解放初,各村人数也并不多,才300多户,总共1505人。此后,由于"大办钢铁",外县一批干部、民工来境,出现了人口增长的高峰,到1988年,绩乡人口达到9327人,与现今人口相差不多。

　　经济改革之前,绩乡的产业结构以农业为主。20世纪80年代,在乡镇企业发展的带动下,工业在产业结构中的份额不断增大,到20世纪90年代初,工业产值与农业产值开始持平。1991年10月,绩乡出资570万元,创建安吉金安磁性器材有限公司。1992年,工业总产值达到306万元,超过了农

---

① 截至2012年底,数据来源:《安吉县年鉴》(2011—2012)。

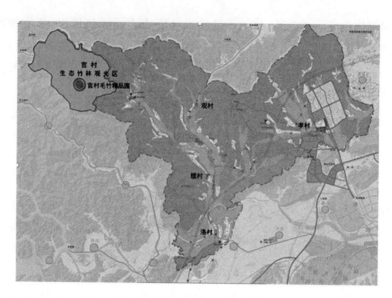

图 2-1　绩乡各村分布图

业总产值(260 万元)①。虽然农业在产业化与效益化的推动下非常有活力，但是工业的发展速度更快，带动就业的能力更强。到 2001 年，绩乡工业总产值达到 2.79 亿元，而农业总产值只有 3800 万元②。20 世纪 80 年代绩乡的乡镇企业主要有乡办集体企业、村办集体企业和农村私营企业，早期经营以罐头厂、竹制品加工为主。到 1990 年末，产业以磁性器材、耐温材料以及茶产业为主导。1993 年，部分私营企业开始转换经营机制，民营经济发展进入快速通道，特别是 1997 年以后，民营经济成为国民经济持续快速增长的主要带动力量，同时，乡镇集体企业或进行转制或宣告破产。

绩乡街区很小，仅沿着一条南北走向的公路展开，公路的南段与洛村接壤，通向孝镇直至南面的杭州；北段则与孝村接壤，通向安吉县城及湖州市。民居沿街分布，街上有乡卫生院以及唯一的一家金融机构——信用合作社和唯一的一家超市，像服装店、理发店、旅馆之类的都没有，没能形成集市。相较之下，观村和孝村都有小集市，孝村还有夜市。

与街区的萧条相似，绩乡政府也较为冷清。政府大院占地不到 15 亩，是一个很小的院子。进入院子，可以看到一个宣传栏，上面清晰地写着"绩乡

---

①② 数据来源：绩乡统计办。

干部创业承诺与责任分工",似乎时刻提醒着工作人员要牢记创业使命。办公大楼是一个三层高的小楼,不新,也不宽敞。一楼从左至右分别是综合服务大厅、计生办、打印室、党政办公室和职业培训办公室;二楼则是政府部门负责人办公的地方;三楼是几间会议室。办公大楼对面有一幢一层楼,共三间房,一间用作门卫室,另外两间是综治办公室。再往里走就是食堂和停车场。

在这里,一层的"忙"与二楼的"空"形成鲜明对比。一楼办公区秩序井然,工作人员都很繁忙,似乎有永远干不完的活;二楼则是空无一人,门窗紧闭。"忙""空"两个字给我的调研带来很大的不便。不过,这里的"空",与吴毅笔下"窝在自己的寝室里,或谈天打牌,或看报休息"①的"空"完全不同。

据党政办公室的工作人员介绍除却开会或接待领导时,政府部门负责人才会来政府大院,平时他们都在开发区办公。开发区办公楼是一栋六层高的新楼,"护卫"它的是规划整齐的工业园区。办公楼大门的左右两侧分别挂着安吉智城建设发展有限公司与安吉县教科文新区的招牌。生机勃勃的办公楼与机器的轰鸣声让孝村显得格外有活力,与绩村的萧条形成鲜明的对比,这充分说明地方政府非常看重孝村的发展。解读绩乡务必要了解孝村。以下将简要介绍三个个案村的基本情况。

1. 孝村

孝村位于绩乡的东部,距县城9公里。村域总面积12平方公里,耕地面积3023亩,山林面积23352亩。下辖5个村民小组,23个自然村,2011年的总人口为2733人,农户812户。全村共有5个党小组,103名党员。2011年全村经济总收入5.63亿元,人均集体可支配收入780元,农民人均纯收入达17209元。

过去,孝村山多地少,是绩乡比较贫困的村。1993年以后,孝村工业发展进入快车道,逐渐形成了以磁性材料、耐火材料为主要产品的工业经济。2007年,由于它距县城较近,被确定为安吉县中部分区工业用地备用拓展区,设置了"孝村低丘缓坡工业园区",家具、海绵制品、制冷电器等产业发展

---

① 吴毅:《小镇喧嚣:一个乡镇政治运作的演绎与阐释》,生活·读书·新知三联书店,2007年版,第7页。

迅速。20世纪初,安吉县走生态立县道路,在这种背景下,孝村也面临转型的压力。随着县级开发区"教科文新区"设立于此,孝村一时间成为全县发展的焦点。

2. 官村

官村位于绩乡西北部,村域总面积5.94平方公里。全村下辖3个村民小组,312户,总人口1085人。村党总支下属3个党小组及1个毛竹股份制合作社党支部,有党员50名。2011年村集体经济收入211万元,农民人均纯收入1.83万元。

在经营村庄之前,由于官村区位较偏,周边城市影响较小,外界影响因素相对单一,因此农村自身的社会文化特色、物质空间特征得以较好保留。经济产业发展相对缓慢,外来人口较少,村民之间交往频繁,村庄人口数量面临下降趋势。公共服务设施与基础设施发展也较为缓慢。

在经营村庄后,村域经济以毛竹、茶叶等山林经济为主,村民几乎家家户户都从事白茶与毛竹种植,农业在全村的经济中居于主导性地位。村中有竹胶板厂、拉丝厂等7家企业。官村建成的百亩葵花园、"开心农场"农事生活体验园等景观园区带动周边农家乐收入达12万余元。村内各类卫生、文化、娱乐设施齐全,建有便民服务中心、卫生医疗服务站、老年活动中心、村民阅览室、健身路径等,设有秧歌、唢呐等民间乐队。官村大力弘扬尚书文化,建有尚书楼、藏书阁、金榜门、名人堂、尚书亭、文化长廊、尚书牌坊等。2013年底,官村如愿成为国家3A级景区,休闲项目越来越多,文创业发展势头良好,客流量越来越稳定。

3. 洛村

洛村位于绩乡南部,村域总面积4.676平方公里,下辖7个村民小组,404户,总人口1322人。党小组6个,党员50名。近年来,洛村围绕"工业强村、生态立村、文化兴村、人居名村"的发展思路,形成以茶叶、蚕桑、花卉苗木等为主的特色高效生态农业,以及转椅配件加工、白茶加工、竹木加工、农家乐及农业观光休闲等第一、第二、第三产业协调发展的产业格局。2013年村工农业总产值4.034亿元,村集体经济收入50万元,人均纯收入21550元,人均集体可支配资金460元。

三、后税费时代的绩乡治理

绩乡政府部门的工作人员分为在编人员和编外人员,编外人员一般是竞选失败或退居二线的原村主干。政府通过聘用的方式,让这些熟悉农村工作的政治精英发挥余热,推动相关工作(如征地拆迁)的开展。乡镇进行行政体制改革之后,绩乡的一些行政性质的机关部门合并成为几个大的中心,如纪委、党政办公室、国土规划建设办公室、社会事务管理办公室、社会管理综合治理办公室、经济发展办公室、财政所、公共安全监督管理中心以及城管中队等。2013年8月,最后一个垂直管理机构——绩乡林业站被整合到农村办公室。近年来,绩乡在治理体制上作出了五项改革:一是合村并组,梅村和绩村合并为绩村,此前的六个行政村被精简为五个;二是绩乡与开发区共用一批工作人员,这批工作人员存在大量的交叉任职;三是绩乡成为安吉县的街道办事处,但原来五个行政村的建制保持不变;四是强化人大职能,增设人大街道工委;五是村主干的工资由县财政直接划拨。不难看出,绩乡的基层政权建设在改革中得以强化,加大了行政控制的力度,目的是为干部干事创业提供有力的制度保障,激发其干事创业的积极性。综合来说,绩乡虽然是山区乡镇,但其治理却呈现出发展型治理的特征。

(一)激励体制的成型:发展型治理的制度基础

绩乡取消农业税后,农村基层组织的主要定位不再是从农村汲取资源,村干部也从繁重的、与村民形成对抗关系的税费征收与计划生育任务中解脱出来,转为引导村庄发展,为村民提供优质的公共服务。

安吉县是浙江城市化水平较低的山区县,其3/4人口为农民,92%的土地属农村,在与兄弟县市的GDP比拼中长期落入下风,因此在许多人看来,发展才是安吉当前最重要的工作。从制度变迁的角度来看,由于农业税的取消,基层政权,特别是乡(村)一级的财政收入遭到了削弱,迫切需要通过发展新的产业开拓新的财源。

为了快速推动产业发展,安吉政府制定了一套涉及所有机关、部门、乡镇、行政村的压力型体制①。中共安吉县委、县人民政府办公室颁发的《关于2013年度乡镇综合考核工作实施意见》开宗明义地指出,"为贯彻落实县第十三次党代会精神,围绕建设富裕美丽幸福安吉的奋斗目标,激励各级干部实干创业,发展争先,现对2013年度乡镇综合考核工作提出如下意见。"考核指标分为共性指标和个性指标。其中共性指标主要是社会发展、民生工作、生态文明建设、党建精神文明建设和民主法制建设等方面的内容。而个性指标,也是重要的发展指标,主要包括财政收入、科技发展、经济转型升级、三大产业发展、招商引资和中国美丽乡村建设等。

由于各乡镇产业发展的基础和特色不一样,安吉县在制定考核办法时将所有的乡镇进行主体功能区划分②,分为工业类(A类)、服务业类(B类)、混合类(C类)③三类。此外,通过分值安排,可以看出政府对于乡镇考核的重心,即乡镇的工作重点。从共性指标来看,分值较高的依次是党建工作(10分)、平安创建工作(6分)、宣传思想文明创建工作(5分)、生态资源保护(2分)、基层民主建设(2分)。从个性指标来看,A类乡镇分值较高的是招商引资(12分)、工业性投入(10分)、财政收入增长率(5分)、工业入库税金(5分)、中国美丽乡村建设(4分);B类乡镇分值较高的是招商引资(7分)、乡村旅游与基础设施建设(7分)、服务业发展(5分);绩乡所在的C类乡镇分值较高的是招商引资(8分)、乡村旅游与基础设施建设(4分)、服务业发展(4分)、农业园区与基础建设(4分)、中国美丽乡村建设(4分)。从整体上来看,招商引资工作、党建工作和平安创建工作是安吉各乡镇的首要工作。

在安吉,乡镇干部创业的积极性一方面来自制度压力,另一方面来自制度激励,而且这种激励是针对所有人的。激励手段主要是物质奖励和职务晋升。在一个向上流动机制相对开放的制度环境中,显然职务晋升的诱惑

---

① 所谓压力型体制,指的是一级政治组织(县、乡)为了实现经济赶超,完成上级下达的各项指标而采取的数量化任务分解的管理方式和物质化的评价体系。为了完成经济赶超任务和各项指标,各级政治组织(以党委和政府为核心)把这些任务和指标,层层量化分解,下派给下级组织和个人,责令其在规定的时间内完成,然后根据完成的情况进行奖惩。由于这些任务和指标中一些主要部分采取的评判方式是"一票否决"制(即一旦某项任务未达标,就视其全年工作绩效不达标,不得给予各种先进称号和奖励),所以各级组织实际上是在这种评价体系的压力下运行的。参见荣敬本等:《从压力型体制向民主合作体制的转变——县乡两级政治体制改革》,中央编译出版社,1998年版,第28页。

② 邓大才等著:《再领先一步:云浮探索》,中国社会科学出版社,2012年。

③ 工业类主要是在东北部平原地区,服务类集中于西南部山区,混合类介于两者之间。

要远大于物质奖励,毕竟物质奖励额度有限。安吉近年来在干部考核任命方面,力度较大,干部职位流动性较强,给基层干部干事创业提供了较大的制度激励。

安吉县对村干部实施激励工资,并由县乡村三级统筹,由县财政直接划拨。安吉县在充分调研的基础上,于2007年设计出了一套静态与动态相结合的村干部报酬制度,即村干部报酬三级统筹。在结构上,报酬分为基本报酬、效益报酬、奖励报酬、补助四部分。其中基本报酬与补助为固定报酬,基本报酬分职务报酬与规模报酬,凡当选村党支部书记、村委会主任,都可以拿到每月700元的职务报酬,规模报酬则按村人口规模设定150元到250元不等的标准,这些钱由县乡镇两级按7∶3的比例来承担,并纳入财政预算;其他村两委干部基本报酬按这一标准的70%~90%确定,由村集体经济承担。此外,根据本县实际,对村干部交通、通信实施固定补贴,村集体经济列支。效益报酬按村集体收入与增长情况确定,从100元到650元里划分12个档次,由村集体经济承担。奖励报酬是根据每年对新农村建设、计划生育等工作的考评确定,村主要干部标准为全年1000元到5000元不等,均纳入乡镇财政预算。这一激励措施的实施,既解决了村干部工资发放难的问题,又调动了干部们干事创业的积极性。除了工资待遇有保障外,在职村干部还能享有国家、集体、个人共同购买养老保险的政策优惠。总体而言,伴随激励机制的健全,安吉干部干事创业有了制度上的保障。

(二)经营城镇与开发区治理

孝村不仅是绩乡发展的重心所在,也是安吉县发展的重点所在,它肩负着产业结构转型的重任,是县域经济发展的试验田。"递孝同城"是安吉县的长远发展战略,也是2008年政府作出的重大决策。递铺是安吉的县治之地,而孝丰镇则是历史上的安吉重镇。安吉县政府想将两个最大的镇连成一片,一体化发展。绩乡位于两镇之间,是两镇的必经之地,因此绩乡在安吉发展规划中占据着重要地位。

孝村是离安吉城区最近的行政村,也是绩乡所辖行政村中面积最大的村,总面积12平方公里,其中粮田2793亩,山地15276.1亩,辖23个自然村,5个村民小组,农户812户,总人口2861人。总体而言,孝村地处交通要道,村域面积大,势必成为县乡两级政府共同合作开发的重点。

2013年,经省政府批准,安吉县在绩乡的孝村和递铺镇的庄村、三村、双村,设立了"安吉县教科文新区",办公地点设在孝村二组。受县政府委托,由绩乡政府管理这个新区,孝村乃至绩乡由此拉开了大发展的序幕。

新区随之成立了"安吉县教科文新区管委会",职能部门包括5个行政处室(党政办公室、国土与规划建设办公室、农村发展办公室、经济发展办公室、财政所);2个乡镇企业为安吉智城建设发展有限公司、安吉智城农业发展有限公司;5个派驻机构为县国土分局、城管分局、财政分局、规划分局、司法分局。其他的社会管理事务由绩乡政府统一管理。此外,绩乡政府实施联村制度,孝村设有联村领导(副乡长)2名,联村组长1名,联村人员6名。

从新区的名称可以看出,安吉县政府对新区的发展定位是重点发展教育、科技和文化产业。如果时光倒退到税费时代,要在这片"穷疙瘩"上发展科技,实在是难以想象的事情。可是从新区成立后,不到两年时间已经初步实现了科技、教育及文化的快速发展。

郑农在大开发即将启动前夕的2012年底正式走马上任,除了担任绩乡党委书记,如今又身兼新区管委会党委书记。这样一个特殊时期既让他面临个人难以克服的困难,又提供给他一个施展才华、一试身手的宽广舞台。不过,由于有安吉县政府的大力帮扶,很多棘手的工作也变得相对轻松。

新区发展迎来了一次重要机遇——浙江某学院选址新区创办安吉分校。管委会主任王治跟笔者分享了一个细节。2012年,浙江某学院党委副书记程根第一次来到安吉,就被这里的青山秀水所吸引。"安吉不愧是中国美丽乡村、国家级生态县。"程根说。位于杭州某高教园区的浙江某学院本部环境就非常好,分校的选址考虑的第一要素就是环境好,而安吉的教科文新区,完全符合这一要求。"除了优美的自然环境,深厚的人文底蕴和安吉县领导的诚意也深深感动了我们,安吉开出了优厚的办学条件,不仅给学校最好的地块,而且整个学校的建设投资都由安吉承担。"仅仅一年时间,这座总投资8亿元、建筑面积16.5万平方米的高校已经矗立在教科文新区。2014年10月8日,浙江某学院安吉分校正式开学,校区共有3733名2014级新生,涉及11个二级学院,50个本科专业。

王治在座谈时指出新区的发展方向非常明确,就是利用现有的资源经营新区,并断言未来孝村将会发展为一座小城市。

此后,新区又陆续迎来了省生态博物馆、上影安吉影视文化产业园等文化项目。对于新区而言,发展之路表面上可谓顺风顺水,而在发展的背后荆棘密布。从管委会职能的设置上来看,建区之初,管委会的一切工作以招商引资、国土规划、征地拆迁、城市经营为中心,实行企业化运作,辖区原有社区仍由原行政隶属单位管理,管委会仅对新建社区提供必需的社会服务,很少涉足原有社区建设和社会控制事务。这种情况与基层需求产生较大矛盾,公共问题发生后,村民首先找的是管委会,因为在他们看来,这是开发新区造成的。

1. 开发区建设中诱发的公共管理问题

在开发过程中,涉及村民切身利益的主要问题有基础设施、利益补偿、社会治安、人口管理、环境管理等。以下是有代表性的村民利益表达。

DM:"外横坑(自然村)这里的农民也真是倒霉,用点自来水都隔三岔五停水,毫不夸张地说每个星期都要停几次。这次19日半夜停水,20日下午来水;20日半夜停水,21日现在还没来水。每次打电话去三元水务,都有理由的,1年300多天停水近100次,还真有脸面找理由啊,每次都不外乎这些理由:管道破裂、压力不够、管道维修等等。他们不累,我们听了都嫌累啊。"(访谈记录:DM,20130813)

SLR:"蒋家户(自然村)村民多次要求清理道路堆积黄泥,堆了几天后,打了多个电话,又去了信访局,大堆黄泥是帮我推掉了,但是路基黄泥没有清理干净啊,晴天一鞋灰,雨天无法走啊。"(访谈记录:SLR,20130813)

SD:"孝村小区经常停电,开发区把我们拆迁户集中了,电却不弄好,我们真想晚上再停电了都住到政府去。"(访谈记录:SD,20130814)

JT:"孝村村委旁的红绿灯坏了没人修理,给来来往往的行人与车辆增加了不少的麻烦,还得顾虑到左右边的车,有些电瓶车就直接闯红灯,这样很容易发生交通事故。另外,红绿灯边上特别是晚上,叫卖声连连,卖衣服的、卖水果的、卖其他杂物的,都堵在这个路口。这个是红绿灯路口,不是让他们叫卖的地方,出了事故才知道有多严重吗?希望各部门加强管理,把红绿灯修好,让他们这些卖物品的换个地方。"(访谈记录:JT,20130814)

政企合一主导模式的开发区实行政府管理,由于过度追求开发区的发展速度,导致大量的管理问题无人问津。政府在公共管理方面存在一定的问题。

2. 管委会的公共管理手段

管委会实施的是企业化运作,在公共管理上,也主要采用公司化管理,包括职员管理、基本公共服务、土地管理、纠纷调处等方面。在这里,绩乡党委书记相当于公司的董事长,乡长相当于项目总经理。比如人力资源方面,采用项目责任人制和高效化管理,从项目引进、管理再到服务,全程一对一,制定严格的项目推进表,项目责任人需定期向项目总责任人汇报项目进展。

管委会成立之初,土地管理的管理部门是安吉县新农村建设办公室。2014年后,安吉县新农村建设办公室被纳入农村发展办公室,并由开发区的智城农业公司承担新区新农村建设和农整的具体工作。公共服务也由智城农业公司来具体运作,管委会主要是承担招投标、监督、验收等工作。纠纷调处由绩乡社会管理综合治理办公室统一管理。

整体而言,由于管委会采用公司化管理方法,在经营方面提高了效率,但在公共服务和社会管理方面还远远不能满足发展所需。

3. 管委会管理的适应性调整

随着村民的利益诉求日趋强烈,政府开始做出管理方面的调整。一般采取互动、补偿、强制等管理手段。

(1)互动。互动分为两种,一种是通过微党课下乡,另一种是网络互动。微党课是绩乡的基层管理创新和群众路线教育实践工作的手段。根据笔者的参与式观察,微党课一般是融党的理论教育、地方政策宣传、民情收集、干群对话为一体。这种方式有利于加强干群联系,有时当场就可解决掉一些与群众切身利益相关的事宜,如社保、安置房补充、落户政策等等。进入微时代,政府与村民通过网络进行互动成为现实,尤其在孝村,网友有发微博的习惯,"安吉吧"与"安吉县网络发言人平台"成为互动的平台。前者是民间论坛,后者由政府设立。起先,网络发言人一般不参与民间论坛讨论,2013年4月6日,绩乡网络发言人首次回应了网友关于"井盖被压坏,谁来管"的帖子,并受到网友的热烈欢迎。在此帖中,发言人发出邀请,要求网友附上事发地点的照片。后来井盖很快被换成新的,这是一次有效率的互动。此后,绩乡网络发言人经常与网民保持互动交流,这也成为绩乡公共管理的一种有效手段。

(2)补偿。补偿是通过提供一定的物质和精神的满足或利益许诺以换取人的服从,也是权力主体影响权力客体的重要方式之一①。当出现因征地、拆迁纠纷、作物受损而引发的利益问题,光靠互动显然没法达成一致,这时就要求政府作出合理的补偿,这是一种常见的管理手段。征地拆迁是管委会的难点工作,为了确保工作的顺利进行,管委会制定了《绩乡农村土地综合整治房屋搬迁补偿和奖励办法(2013)》。在这个文件当中,设置了房屋搬迁的四个奖项。一是签约奖,在规定期限内签约的被搬迁户,按被搬迁房屋合法建筑面积评估价(不含装修及附属物)的15%进行奖励;二是诚信奖,在乡农整工作开展后,没有出现"抢建、抢修、抢种"等行为的,按被搬迁房屋合法建筑面积评估价(不含装修及附属物)的10%进行奖励;三是腾空奖,对按以下期限腾空的,除规定享受临时安置补助费(合法建筑面积,下同)外,再设置规定时限内房屋腾空奖(具体奖励标准如下:①项目实施单位签约进场公告之日起2个月内搬迁腾空的农户,每平方米奖励150元;②项目实施单位签约进场公告之日起3个月内搬迁腾空的农户,每平方米奖励100元);四是安置奖,由农户自行结合组团建造的联排房,严格按乡政府规划设计要求建造并通过验收的,以组为单位给予2万元/户的奖励,对全部申购公寓房或县城商品房安置的农户奖励1.5万元/人(按在册农业户口计算)。

(3)强制。上文提及的互动主要侧重于沟通的层面,对于解决因信息不对称或理解上偏差的事务具有较好的效果,而补偿是一种诱导机制,迎合了人逐利性的一面。但是在现实生活中,这两种机制并不能完全保证问题的解决。现实生活中,确实存在一些难以捉摸的情况,如一些干部抱怨:"你说东,他就说西。比如拆迁问题,你说补偿的事,他就说生活保障的事;你跟他说生活保障的事,他又说没有什么好谈的。"类似情况还有很多,需要采用一些强制性手段达成一致。

4. 村两委的示范作用

村两委在准政府机构——管委会与村民之间起到沟通的桥梁作用。
大学生村官XWC说:"随着园区建设的逐步深入,人民物质生活水平的

---

① 项继权:《集体经济背景下的乡村治理:河南南街、山东向高和甘肃方家泉村村治实证研究》,华中师范大学出版社,2002年版,第281页。

提高,如今遗留下来的征迁工作都是难上难。但通过村、队与园区干部共同的协作和努力,昼夜上门,终于完成了蒋家岗区块共7户中6户农户的房屋签约工作。当然这项工作开展得下去,少不了绝大部分党员干部群众的配合与支持,但也存在极少数人的不理解、不支持,甚至是漫天要价、无理取闹,对于这部分人员就需要我们的党员干部带头做工作,带头做示范,发挥好一名党员应有的先锋模范和带头示范作用,为群众树立好标杆。"(访谈记录:XWC,20130812)

(三)纠纷调解中的简约治理与复合治理

乡镇基层政府对乡村社会的社会管理主要体现在综合治理,而综合治理主要体现在应对信访和上访方面。由于信访和上访等在上级对乡镇各项工作的考核中具有"一票否决"的重要性,所以乡镇特别重视信访和上访等涉及社会稳定的工作。

绩乡采取了以下几点措施:①每周五召开一次综治工作碰头会,排查全镇综治信访维稳案件;每月月底日召开一次综治例会,摸排和通报全镇综治工作动态,会诊重大疑难案件;②构建"网格化管理组团式服务"的协调管理网,与联村领导、联村干部、村干部共同签订了综治信访维稳工作责任状,明确工作职责和要求,强化责任考核,制定《绩乡综治信访维稳工作责任追究办法》,实现"板子打到人、责任追到位";③针对绩乡矛盾纠纷突出反映在项目建设、土地、林地纠纷的特点,绩乡组建了11个工作专班,成立的工作专班由各行业部门的领导分别负责,每个村委的负责人都参与其中,使镇村两级干部对每一起矛盾进行逐个化解;④对村组的治调主任展开广泛的法治、综治培训,使各村的治调主任对调解程序和信访知识有所掌握,提高综合能力;⑤建立网络回应制度,对论坛上涉及辖区民众呼声较高、质疑声较大的议题进行积极回应,对一些误导性的言论进行及时纠偏。

绩乡上述措施构建了一张综治维稳的网络,这些措施在乡村综合治理中产生了什么样的具体效果呢?下面将结合实例具体分析。绩乡人民调解委员会主任陈龙为人性格和善,办事公平公正,在村民心目中享有较高的威望,绩乡主要的纠纷都是由他调解。

周家夫妻由于离婚财产分割无法达成统一意见,产生了争执,甚至动起了手,村调委会劝住了架,但就如何彻底解决双方矛盾却没了主意,只好打电话向街道调委会求助。当陈龙在周家听取了当事人双方、旁人的各方面说辞,将事件的来龙去脉打探得一清二楚时,他坚持初次"只听不调"原则,纠纷发生后,当事人正在气头上,不是调解的时候,要让当事人把话说出来;第二次是"只劝不评",当事人气消了一点后,采取分开做工作的方式,借助换位思考等形式进行劝说,争取双方的理解;最后才是"先评再调",开始梳理矛盾,分清责任,摆明观点,依照法律和人情进行调解。

绩乡现有各级调解组织16个,人民调解员75名,大多是各村村民。基于此种情况,陈龙创建了人民调解"四理"制度,由村民代表第一时间稳控纠纷现场,经队(组)干部劝说、调解,在村调委员会备案,最后由街道调委会结案。遇上村调委会调解不成时,街道调委会会及时介入。通过该制度,村、街道上下联动,成功解决众多群众难事。孝村一位八旬老人因未被子女赡养出现家庭纠纷,村民代表及时反映纠纷状况,两级调委会参照《中华人民共和国老年人权益保障法》等法律,极力劝说其子女,告知相关赡养义务,还组织了丰富的互动活动"发酵"亲情,最终将这一问题妥善解决。

随着村庄原子化趋势的日益加剧和村民权利意识日益增强,村庄内的话语形态日益多样化,在法律下乡的大背景下,村民可能不再完全认同"长老"式的调解,因此简约治理中掺杂着法律下乡话语的治理,形成一种"复合治理"①的形态。这种形态不同于简约治理,它可以依靠乡村权力文化网络,也可以依靠自上而下的法律话语,而且这两种话语相互掺杂和渗透,人情调解中可以渗入法律话语作为铺垫或辅助,而司法调解尽管也是一种人情式的调解,但法律的话语色彩更浓。如果这些手段解决不了问题,则进行法律诉讼,法律诉讼则不再秉承地方性知识,而是根据可能与当地情境有较大差别的法律性知识来进行裁决。复合治理是现代化发展的产物,也是国家意志和国家政权建设深入乡村的产物,这种治理形态将持续较长的历史时期,但简约治理应该会在很长的一段时间内在民事纠纷调解中继续发挥重要作用。

(四)美丽乡村建设中的动员与参与

2008年,对于安吉而言是一个特殊的年份。这一年,安吉召开了"中国

---

① 狄金华:《被困的治理——一个华中乡镇中的复合治理(1980—2009)》,华中科技大学博士学位论文,2011年,第11页。

美丽乡村"建设万人动员大会,拉开了"中国美丽乡村建设"序幕。安吉县美丽乡村建设的愿景是在充分发挥安吉自身生态优势和产业特色的基础上,利用10年的时间,通过推进村庄环境的综合提升、农村产业的持续发展和农村各项事业的全面进步,力求把安吉全县建设成为"村村优美、家家创业、处处和谐、人人幸福"的现代化新农村样板,打造成为全国生态环境最优美、村容村貌最整洁、产业特色最鲜明、公共服务最健全、乡土文化最繁荣、农民生活最幸福的地区之一,探索构建可憩可游、宜商宜居的全国新农村建设的"安吉模式"。这个模式的基本特点是起点高、标准严、范围广、受益多,甚至带有理想性。那么,理想如何变为现实?如何把政府的诱导性行动变为农民的自觉性行为?一个山区政府大规模动员农民的能力从何而来?笔者认为,安吉在追逐"乡村梦"的过程中,很好地坚持了"三动",即高位推动、示范带动和多样动员。

1. 美丽乡村建设中的积极动员

(1)高位推动。贺东航教授认为,面对原子化的村庄,作为外源力量的政策干预是有效治理手段。为了杜绝同级部门的相互推诿和让公共政策进入原子化的村庄,高位推动是一种极为重要的手段[①]。事实上,"高位推动"不仅是政策执行过程中的治理手段,也是政府动员的一种手段。对于一项需要投入巨大人力、物力、财力的行动计划和项目,基层社会难免会有各种各样的顾虑和不可避免的客观情况,以致会产生多方面的阻力。这个时候,通过高位推动把高层的领导力发挥出来,在正式场合发表关键性讲话,无疑会起到使农民们吃了一颗定心丸般的作用。在美丽乡村建设行动的谋划和实施过程中,县委书记汤翔充分地展示了中国式的领导力。在他和县委的推动下,安吉县先后出台了《安吉县建设"中国美丽乡村"行动纲要》和《中共安吉县委 安吉县人民政府 关于2008年建设"中国美丽乡村"的实施意见》两个纲领性文件。与此同时,安吉县成立"中国美丽乡村建设"工作领导小组,由县委书记汤翔担任组长,县长担任副组长。领导小组下面又分别设立环境工程提升组、产业提升工程组、服务提升工程组、素质提升工程组,分别由四名副县长担任组长。这些举措对于加速美丽乡村建设的进程起到了很

---

① 贺东航、孔繁斌:《公共政策执行的中国经验》,《中国社会科学》,2011年第5期。

好的促进作用。

（2）示范带动。"试点政治"是我国政治的一种特殊表现形式。所谓"试点政治"指的是在推进有关公共政策或者相关的制度中，在现有已知的条件下，对政策推行和新制度实施的后果缺乏了解，从而选择不同的地点或者在不同的范围内进行试点、试验，等到积累了一定的经验，或者实施的条件基本具备后进行全面推广①。"试点政治"的优势在于通过试点单位的探索可以总结经验教训，少走弯路，它们的经验和教训可供潜在的改革者"搭便车"，降低其他部门的试点成本。安吉的中国美丽乡村建设虽然寻求全覆盖，但也不是主张一拥而上、全部开花，而是分批次、成梯队，有计划、有步骤。具体来说，美丽乡村建设分为特色村、重点村、精品村、精品示范村等多个梯队，在每个梯队中，又划分指令性建设村和申报创建村，形成不同的批次。这样一来，美丽乡村建设更加合理有序。

（3）多样动员。高位推动强调的是层级，多样动员强调的是方式。毛志勇博士研究发现，新中国成立以来，我国社会动员先后经历了"政治动员—经济动员—社会动员"三个不同的历史阶段②。不过，在实践中，这几种动员方式往往可以同时被采纳，因对象而异。上级动员下级，政治动员容易被采纳；政府动员企业，经济动员容易被接受；政府动员民众，社会动员容易被认同。在美丽乡村建设的动员中，政府和基层干部采纳了组合式的动员方式，对推动美丽乡村建设起到了较大的作用。

2. 美丽乡村建设中的被动参与

在安吉美丽乡村建设行动的动员中，基层干部给予了极大的热情，但是群众反应并没有那么热烈。2013年，笔者有幸参与一次经营村庄的动员会（见案例2-1），进入会场时，笔者提醒自己，这次会议是一次绝佳的观察会。因此，在会场，笔者尽量注意观察参会者的一举一动。虽然户主大会没能按照笔者期望的村-民互动方式演变，但依然还是有收获。

---

① 沈士光：《"试点政治"为改革探路》，《学习时报》，2011年5月30日。
② 毛志勇：《互动式治理：政府管理与社会参与的互联互动》，华中师范大学博士学位论文，2013年，第29-34页。

案例 2-1　官村的户主大会[①]

2013年7月20日,绩乡官村大礼堂里每年一度的户主大会再次召开。受联村副乡长齐成的邀请,我见证了这次大会的整个过程。这次会议的主题是"凝心聚力、群策群力,共同建设富裕幸福美丽官村"。会议包含两项内容:一是村主干向大会汇报工作;二是乡长王治发表美丽乡村建设与经营的动员讲话。书记、其他村主干、乡长随后分别发言,大会持续了两个小时。

在会上,王治向村民坦言,参与这么大规模的村民会议,是他工作生涯中的第一次。对于官村许多村民而言,与乡长面对面开会,他们也是第一次。王治在会上强调了以下三点内容。

一、绩乡政府支持官村经营村庄的事业。官村经营村庄的事业一步一步走到今天,从无到有,取得了来之不易的成绩,村两委做了大量的工作。县、乡政府也给予很多支持,很多项目都给了官村。

二、分析官村经营村庄中存在的问题和面临的挑战。我们在经营村庄的过程中还有很多问题需要解决,还有大量工作需要完善,如基础设施、产品质量、服务质量等等。葵花园虽说是个观光的亮点,但很容易被模仿,部分地方葵花种植面积比我们还大。所以,我们一定要保持清醒,今后还会面临更激烈的竞争。同时官村没有退路,必须面对这样的竞争。因为官村在交通、区位、自然上有先天劣势,发展工业不可能,发展农业没有地,唯一的出路就是利用山林和美丽的村庄进行村庄经营。

三、希望村民支持政府和村委的工作。我们不可能总是那么幸运,可以从政府那里获得资助,最终还是要靠村干部的带动和每一位村民的努力。美丽乡村的载体是美丽家庭,美丽乡村要人人参与,美丽乡村要靠每个家庭去实现。我们要把习惯改好,通过更严的监督,把村庄内部的环境搞好,不能出现垃圾遍地、污水横流的现象。我们要种更多的树,房前屋后,进一步搞好绿化。

轮到官村书记李良发言时,王治乡长(管委会主任)打断李良书记的开场白,让他使用普通话发言,此举"似乎"是为了关照笔者这个外来听众。当李书记谈到经营村庄会给官村村民带来何种好处时,比如实行工程项目社区优先原则,在保证质量的前提下,优先考虑本村村民来承担;对创办农家

[①] 资料来源:调研日志,2013年7月30日。

乐和旅馆的本村村民，村集体将按照床位数进行资助和补贴；开展美丽家庭创建的有奖竞赛等。在李书记发言时，有的群众在交头接耳、窃窃私语，也有的群众对书记的话表示怀疑或不以为然。可以看出，虽然在村户主基本都出席了大会，但是他们对此次会议并没有多大的期待。因为在老百姓看来，真正的实惠才是实在的。这次会议虽然场面上"参与率"很高，但多数村民参与会议是抱着看热闹或不得罪领导的心态参会的。

据此观察，村民参与美丽乡村建设动员活动大概率是被动参与。赵树凯认为，我国正处在快速的现代化过程中，群众的参与要求不断发展变化，群众的参与内容主要是经济诉求，特别是直接的权利利益诉求，越是与群众切身利益息息相关的事务，群众参与热情越高①。安吉美丽乡村建设的实践也证明了这一点，村民参与美丽乡村建设的动员活动积极性不高，源自多数时候是将他们排除在村庄经营外，特别是在利益的分配上。

在此前一次与官村书记的交谈中，笔者曾问及公司未来是否会走股份制改造道路，让农户多少占有一些股份，这样就能获得更多的认同和支持。李良的回答是，"我们推行集体所有制挺好的，这样可以始终获得国家的支持；此外，让农户占有股份的话，到时候意见很难统一，不利于公司决策。"李良的话回答了官村文化旅游公司采用集体所有制的原因，但在村民看来，集体的公司是将他们排斥在外的。

---

① 赵树凯：《中国基层民主发展中的"参与"问题》，《中国发展观察》，2007年，第1期。

第三章 经营性治理模式的形成

本章,笔者将立足安吉县新农村建设的实践,力图呈现安吉县基层治理创新——经营性治理模式的生成机理。研究发现,经营性治理模式的形成源自新农村建设的整体推进与差异发展。安吉县地方政府通过制度创新,主动将中央精神与本地实际结合起来,形成了新农村建设的安吉模式——美丽乡村建设。"美丽乡村建设"的品牌行动最终倒逼经营村庄的产生。在经营村庄的过程中,基层组织和基层干部在政府教化和市场涵化的作用机制下,不断吸收与习得经营理念和经验,掌握了企业经营管理的基本原则,并用于指导村治实践,形成了一系列经营性治理的治村理念。

一、新农村建设:整体推进与差异发展

(一)新农村建设的整体推进

新世纪初,中央作出两项重大决策,一是取消农业税,二是实施社会主义新农村建设。税费改革与取消农业税,一直是各界关注的焦点。1999年,北京大学林毅夫教授提出"新农村建设"的设想,但是并没有引起政府和知识界的高度重视。此后,一些学者传承了晏阳初、梁漱溟等前辈在20世纪20年代倡导的乡村建设理念,并组织青年知识分子和大学生志愿者下乡,指导新乡村建设。与此同时,在一些先知先觉的地区,开始了新农村建设的探索试验。

2000年,海南省委经过广泛调研、深思熟虑,在全国率先提出创建文明生态村活动,并将文昌、儋州、琼山等地作为试点。创建文明生态村活动的主要内容是建设生态环境,发展生态经济,培育生态文化,包括在农民中广泛开展可持续发展和生态环保教育、思想道德教育,倡导移风易俗,完善文化基础设施建设,开展农民喜闻乐见的文化娱乐活动。

浙江省是农村改革的先发地,改革开放30多年来,浙江经济社会发展取得令人瞩目的成就的同时,"三农工作"也走在了全国前列。2003年,浙江省委、省政府根据党的"十六大"提出的全面建设小康社会目标和统筹城乡经济社会发展要求,着眼于尽快改变农村建设无规划、环境脏乱差、公共服务建设滞后等问题,作出了实施"千村示范万村整治"工程的重大战略决策,即用5年左右的时间,对全省约1万个行政村进行全面整治,并把其中约1000个行政村建设成全面小康示范村。

2005年10月,经过各界的不懈探索和共同努力,终于达成了全国性共识。中国共产党召开了十六届五中全会,通过了关于第十一个五年规划的建议,建议中的农业农村部分的标题就叫作"积极稳妥推进社会主义新农村建设"。自党的十六届五中全会作出了建设社会主义新农村的重大决策后,各地各部门认真贯彻中央决策部署,切实把新农村建设摆上重要位置,统筹谋划,创新思路,进行了创造性的实践。自此,新农村建设在我国各地全面推进。

(二)新农村建设的差异发展

各地从我国地域差异性大、发展明显不平衡的实际出发,坚持遵循新农村建设的普遍规律与从当地实际出发相结合,形成了众多各具特色的新农村建设模式。一批学者加入新农村建设模式的研究中,大致分为四个层面的研究:省级层面的研究,如王晓丽的《吉林省社会主义新农村建设发展模式研究》;市级层面的研究,如刘予强的《新农村建设——泽州模式》;县级层面的研究,如邓大才等的《佛冈试验:可持续的新农村建设》;乡镇层面的研究,如孙君、王佛全的《五山模式:一个社会主义新农村建设的典型》等。

美丽乡村建设是社会主义新农村建设的新形式及达成的新共识。在第二届"中国美丽乡村·万峰林峰会"上,中国农业部(现中国农业农村部)正式对外发布美丽乡村建设十大模式,为全国的美丽乡村建设提供范本和借鉴。这十大模式分别是产业发展型、生态保护型、城郊集约型、社会综治型、文化传承型、渔业开发型、草原牧场型、环境整治型、休闲旅游型、高效农业型。

总体而言,各地由于区位、自然条件、市场发育程度、工业基础等的不同,在新农村建设和美丽乡村建设中选择了差异化的发展模式,呈"百花齐放"的态势。

(三)新农村建设的安吉行动与地方治理创新

进入21世纪,随着农民收入的不断增长,越来越多的农民已经不仅仅满足于自家住宅条件的改善和物质需求的满足,为顺应农民提高生活品质的要求,安吉县从 2003 年开始,开启了新农村建设的征程,先后开展了"千村示范万村整治""美丽乡村建设"和"五水共治"三个创建工程。这些首尾相连、层层推进的创建工程,成为安吉统筹城乡发展、建设社会主义新农村的利器,推动了安吉城市基础设施向农村延伸、城市公共服务向农村覆盖和城市现代文明向农村辐射,缩小了城乡社区建设水平和城乡居民生活质量的差距,加快了传统农村社区加速向现代农村社区的转型。

1. "千村示范万村整治"(2003—2008 年)

2003 年,浙江省在全省范围内开启了"千村示范万村整治"的行动。正是在这种政策背景下,安吉县也于 2003 年开展了"千村示范万村整治"的行动。在对官村的访问中,笔者得知多数农民都清楚美丽乡村建设之前进行过村庄整治(即"千村示范万村整治")。因此,村庄整治工程是美丽乡村建设工程的前奏。

笔者曾经问过李良书记一个问题,"官村这么偏僻的一个村庄,集体经济基础很薄弱,为什么能在安吉的竞赛当中处于领跑位置?"李良书记娓娓道来,"在 2003 年,官村开展了村庄整治,我们是严格按照县委的指示执行的。有的村庄没有严格执行,就一步落后,步步落后。"李良书记指出,官村的村庄整治效果很明显,他形象地说明官村以前也跟大多数村庄一样,"垃圾靠风刮,污水靠蒸发,蚊蝇满天飞,臭气四季吹"。不过,他也同时表明,村庄整治工作不容易开展,要改变群众多年形成的习惯很难,而更难的是农民的生计方式与整治工程存在一定矛盾。他举了一个例子,"官村很多农民都做竹筷子,这个筷子经常要摆到道路上去晒,你叫他们不晒的话,就是砸人家饭碗,人家不乐意。"整体而言,村庄整治工程为安吉的下一步工作打下了坚实的基础,村容村貌、农村人居环境、基础设施建设、公共服务水平得到显著改善。

2. 美丽乡村建设(2008—2012 年)

安吉县"千村示范万村整治"的五年行动,突出改善了村庄环境,使得农村面貌发生了巨大变化,但其内在的、隐性的村级集体经济,则实力普遍不强。此时,相当一部分村集体经济薄弱,年收入 5 万元以下,大部分村仍有集体负债。这个问题是安吉县新农村建设的软肋和短板。村里的工作主要靠党组织的坚定领导和村干部的勤奋工作，很少靠经济实力支撑。在这种形势下，安吉县委认识到务必要进一步加强和改进乡村建设工作。2006年，汤翔在当选安吉县委书记之后，经过一年多的考察与研究论证，最终于2008年在全国率先开展"中国美丽乡村建设"的创建行动。

"中国美丽乡村"建设是安吉特色的新农村建设模式，即在充分发挥安吉自身生态优势和产业特色的基础上，利用10年的时间，通过推进村庄环境的综合提升、农村产业的持续发展和农村各项事业的全面进步，力求把安吉全县的行政村都建设成为"村村优美、家家创业、处处和谐、人人幸福"的现代化新农村样板，打造成为全国生态环境最优美、村容村貌最整洁、产业特色最鲜明、公共服务最健全、乡土文化最繁荣、农民生活最幸福的地区之一，探索构建可憩可游、宜商宜居的全国新农村建设的"安吉模式"。

2012年新建17个精品村、14个重点村，累计建成"中国美丽乡村"179个，其中164个精品村、12个重点村和3个特色村，美丽乡村覆盖12个乡镇，全县美丽乡村创建覆盖率达95.7%。

3. 升华阶段（2012—至今）

经过五年努力，安吉县美丽乡村建设取得较大成效，引起全国关注。2013年，安吉县美丽乡村建设转向国家级示范工程建设，首批8个村庄开展美丽乡村建设精品示范村建设，做到"综合性强、可看性强、可学性强"，在全国起到示范引领作用。2014年，纳入第二批精品示范村试点名单的村庄共17个。总体而言，对精品示范村的考核要求明显提高，要做到环境优美如画，产业特色鲜明，集体经济富强，文化魅力彰显，社会管理创新，百姓生活幸福。

与此同时，安吉县的另一项创建工程叫"五水共治"，这是在浙江省全省范围内进行的行动。所谓"五水共治"，即治污水、防洪水、排涝水、保供水、抓节水，目的是以治水为突破口推动转型升级。安吉县"五水共治"工程的推进采用的是"河长制"。"河长制"是安吉县"五水共治"的主要抓手，该县根据安吉河道管理体系，正式实施按河道级别和河道所在地相结合的多级"河长制"。"河长制"具体设置为：省级河道西苕溪干流由县长担任一级"河长"，沿线乡镇长担任二级"河长"，沿线行政村主要领导担任三级"河长"，并实行"一河一档"，制定"一河一策"治理方案，全面推进"五水共治"行动。

从美丽乡村建设的发展历程来看，政府在建设过程中扮演了非常重要的作用。可以说,没有政府推动,村庄还是原来那个脏乱差且无人关注的村庄。

二、经营村庄:美丽乡村建设的升级版

在美丽乡村建设进行到 2010 年时,安吉县的 60 多个村庄通过检查考核,成为美丽乡村精品村。建好的美丽乡村如何管理及如何可持续发展成为新的议题。与此同时,国家标准化委员会也把安吉县作为新农村建设全国标准示范区,向全国推广;浙江省委、省政府已经决定把"美丽乡村"建设作为浙江省的品牌来打造,安吉县的"中国美丽乡村"品牌开始走向全国。由此,美丽乡村建设需要进一步往前推动。2010 年,安吉县制订了《安吉县经营村庄行动计划》(2010-2012),进一步加大对乡村建设的投入,明确了以县域交通环线为脉络,做精四条精品带,串起六大核心区,形成"一环四带六区"的整体经营布局。

正如"美丽乡村"建设规划的那样,经营村庄的含意不是仅仅经营一个个分散的村庄,而是把整个县作为一个"大乡村"来经营;运用市场经济的手段,经营县域资源、资产、资本等要素,最大限度地盘活存量、扩大增量,加快推进安吉县城乡一体化协调发展,最终实现群众更富裕、集体经济更壮大、县域经济更富强。

经过三年的建设,安吉县美丽乡村建设进入经营村庄的阶段,乡村建设与产业发展形成了互相促进的关系。

三、成长与嵌入:"经营"理念植入村治

虽然安吉县经营村庄的县域发展"设计"精妙绝伦,但是前提是安吉县的老百姓能掌握经营之道吗?在经营村庄方面,政府有什么样的考虑,做了哪些工作?安吉县的老百姓能够顺利地掌握并运用好经营利器吗?这应当通过实践去检验,并得出结论。

（一）教化

企业经营与村庄公共管理应属两个不同的范畴。懂企业经营的不一定懂乡村治理，会治理村庄的不一定懂企业经营。这个道理是不言自明的，毕竟两者的运行都有各自的特点。企业组织是按照现代科层制结构组织起来的，崇尚下级服从上级的理性运作；而村庄社会则是人情社会，遵守差序格局或派系竞争的规律。但是二者并非不能有交集，现代企业经营管理也同样可以植入村庄社会。如何让村庄管理者熟悉企业经营管理之道，并将其灵活运用于村庄治理中，则是一门大学问。

如何建设、管理、经营美丽乡村，一直是安吉全县上下都在思考的问题。摸着石头过河，不断从实践中总结经验，是一条重要路径。不过，这种路径见效比较慢，从别的地方学习先进经验则是更加直接的办法。在美丽乡村建设的酝酿、行动过程中，安吉县政府做了大量的调查和研究工作。首先，组织理论专家研究国内外乡村建设的经验和教训；其次，组团到四川、山东、江苏等地学习，甚至还去往欧洲学习，考察国内外在乡村建设方面的具体成果。在美丽乡村建设的过程中，政府通过组织培训对基层干部和群众进行教化，达到统一思想、强化理念的目的。

教化，是政教风化、教育感化之意。它强调的是"化"，而且是外化，它与教育的区别在于教育强调的是对人的全面培育，而教化突出的是政治和道德方面的教育和感化[①]。此外，教化既向人们正面灌输道理，又注意在日常活动中使人们不知不觉地达事明理，潜移默化，其效果要比单纯的教育深刻而又牢固得多。

在课堂中成长。在美丽乡村建设全面启动后，安吉县通过县委党校对全县的基层干部进行多次培训，邀请国内外的专家来给基层干部传授理论及经验。此举成效颇丰，对于培育会管理、擅经营的基层干部起到了很好的推动作用。乡村旅游有一个很大的特点，就是具有季节性。李良管理的官村就面临过季节性带来的困境。在经营村庄的初期，葵花园是吸引游客的重要砝码，但是葵花的花期短暂却是个难题。有些旅游团到达官村游玩时，发现葵花已经凋零，游客顿时感到"上当受骗"，可谓乘兴而来败兴而归。部

---

① 曹影：《教化的缘起及其意蕴》，《东北师大学报》（哲学社会科学版），2006年第3期。

分游客拿起手机拍照,并将照片发布在网络上,表达不满,这给官村旅游产品形象造成了负面影响。这个难题最终的解决得益于一次课堂教学。李良回忆道:"在一次课堂自由发言时,台湾的老师让我们自由提问,我问了一个问题'如何能延长花期'。台湾的老师的回答给了我很大的启发,他告诉我延长花期的办法有两个,一是播种的时候不要在同一时间播下去,可以间隔15天播一次,如此一来,可以保障在很长一段时间里游客都能看到花;第二是不要种一种花,可以种油菜花或者类似的花。"这两个办法后来都被采纳了,解决了官村葵花经营的大问题。

在田野中成才。经营管理是一门大学问,课堂教学只是其中的一方面,在课堂之外,还有广阔的知识天地。为了提升基层干部的经营管理能力,安吉县在2011年组织了一次"百名干部考察团",赴华西村和滕头村参观并学习经验。华西村和滕头村都是经营村庄的典范。华西村是工业与旅游业并重;而滕头村是农业、工业与旅游业三者结合,两村均采用可持续发展的模式。特别是滕头村对官村的借鉴意义很大,滕头村拥有我国首个5A级乡村旅游点。对于李良而言,公司化运作是这次学习的最大收获。回村以后,李良立即着手旅游公司的组建。官村文化旅游公司成立后,经营村庄的事业迅速走上了快车道。伴随经营村庄的成功,李良成长为安吉的"政治明星"。在全县的村主要干部中,他是唯一的县委候补委员,多次应邀出席各类政治、社会活动。如今,他已经成为经营村庄的典型代表,多次赴外地讲学,讲述他是如何当好一名村支书,如何带领村民从一个贫困的山村走向"全国生态文化村""国家3A级旅游景区"和"省级小康示范村"。

(二)涵化

政府组织的经营村庄和"经营"思维的培训,具有短期性与策略性。基层干部"经营"思维的形成来自在市场经济中的摸爬滚打,来自在企业管理或工作的历练,来自与市场主体的合作、博弈与共同成长。我们把"经营"思维习得的过程称之为涵化。"涵化"(acculturation)一词原本是人类社会学在研究文化变迁时常采用的专有概念,是指具有不同文化的群体在持续接触时一方或多方群体的原有文化随之发生变化的现象[1]。与涵化相对应的

---

[1] 黄淑娉、龚佩华:《文化人类学理论方法研究》,广东高灯教育出版社,1996年版,第222页。

一个词是濡化（enculturation），它一般发生于同一文化群体内部的文化延续。

涵化过程一般是在长期的变迁中形成的。笔者认为，基层干部和群众"经营"思维的涵化过程大致经历了三个阶段。

一是人民公社时期的农业经营与管理阶段。在高级农业生产合作社阶段，农民把土地、水利设施、面积较大的成片林木等交给高级社集体所有，把耕畜、大中型农机具作价归公。从此，中国有了农村集体资产和统一经营。与此同时，安吉县的社队企业虽然有一定的发展，但由于中央政策几经调整，其发展受到很大的抑制。社队企业的发展主要在1976年以后[①]，所以此时农村经营的实质是农业经营。农业经营管理的主要内容有计划管理、劳动管理与收益分配等。

(1) 计划管理。新中国成立后，中国共产党实现了"耕者有其田"的政治承诺，广大农民获得了属于自己的土地。不过党中央很快就开始了对农业的社会主义改造，即将农民组织起来，实行集体化生产。农业合作化的最终完成，又使农村经济真正被纳入严格的政府计划之中。在国家计划指导下，农村社、队在年初经社员群众讨论制订全年生产计划，根据自身需要和实际条件，落实农作物不同品种播种面积及产量指标。生产队普遍重视制订小段生产计划，根据农事季节、农活安排，安排用工量和完成作业时间，做到不违农时。以农业生产计划为基础，编制财务收支计划，预算实行全年计划分配，即"一年早知道"，试算到户。在春季或夏季，对实物、现金按分配政策进行预分，年终分配决算。据官村老书记李林回忆：

"那个时候（人民公社时期）我们这里粮食也好，经济也好，全部都是大队控制，按月分钱、按月分粮。队长分工，大队控制整个的，这个队抓什么，这个队养猪养多少，那个队养什么分工都很明确。"（访谈记录：LYL，20130630）

(2) 劳动管理。在中国，家户是一种基本的经营组织体制。传统农民眼中的家庭是浑然合一、利益共享的整体。每一个成员都从属于某个家庭，他

---

① 1964年，安吉县共有27家社、队企业，"文革大革命"期间，因工商业统计中断无法确定社队企业的具体数目，参看《安吉县志》，1994年版。

既为自己的家劳作,也在家中与妻儿、父母、兄弟或姐妹们共享劳动的成果。农民家庭的内部没有必要进行劳动的计量,劳动计量主要发生在家庭外部之间需要劳动交换的时候。不过,到了人民公社时期,要打破家户制这种效率不高的劳作方式,实行集体劳动与劳动合作化。如何监督劳动、预防"懒汉"的出现,就成为经营管理中的一个关键问题。

劳动管理主要是通过三种方式来实现。第一,不断调整劳动管理制度。为预防人民公社劳动中出现各种问题,安吉县制定并采用评工记分方法统计的劳动计酬。第二,依靠理想激励,调动农民劳动积极性。劳动管理制度是一种刚性管理,实际上并不能保证农民群众完全发自内心的劳动。起到重要作用的还有一种柔性的管理方法,就是徐勇教授提出的"理治"①,即依靠社会理想,依靠论证和灌输理想合理性的理论进行治理。第三,通过"批斗"的方式教育干部、群众。如果说理想教育是"糖衣"的话,批斗教育则是"炮弹"。公社在实际运作中不时暴露出内部的离心倾向,与公社成立初期受到干部、群众热烈拥护的气氛相比形成强烈反差。此时,理想教育的正面效用逐渐递减。当农户很难有效组织起来时,公社最终不得不接二连三的开展阶级斗争,以巩固公社制度。

(3)收益分配。收益分配能够很好地体现人民公社的本质。一般来讲,收益分配主要包括三个部分:粮食分配、产品分配与现金分配。在结束多年战乱后,一贫如洗的中国迅速走向"自力更生"的现代化发展道路,国家需要从乡村提取农业剩余,为工业化提供原始资本,满足城镇人口对农副产品的需求。在那个物资紧缺的年代,相比现金,粮食与其他农副产品的分配显得尤其重要。

总体而言,在人民公社时期,安吉农村社会出现了经营管理,但是这种经营管理发生在计划时代,具有极强管控性,基层干部缺乏经营的自主性。杨善华及苏红认为,人民公社是一个典型的"政权经营者",作为政权和经济单位合一的人民公社,其领导干部负有领导经济、组织和指挥生产的责任。他们必须将自己很大的精力投入到生产经营中去,并对生产经营中的重大问题进行决策,自然也必须考虑经济效益和社区的经济发展问题。不过,人民公社虽然是一个"政权经营者",但实际上它还没有将工作重心转移到经

---

① 徐勇:《礼治、理治、力治》,《浙江学刊》,2002年第2期。

营方面,即使具有"经营"的特征,也是一种"代理式"经营,即代国家"经营"①。尽管如此,在这一阶段,"经营"的种子已经在基层社会萌发了。

二是体制变革时期的乡镇企业经营和个私经济经营阶段。1983年,安吉县以实行家庭联产承包责任制为特征的农村经济改革已基本完成,农业生产的经营单位重新转变为家户制,农业经营体制再次迎来了重大变化。基层组织与干部在遭遇"去集体化"改革的短暂挫折之后,迅速重新找到公共经济的运作方式——经营乡镇企业。地方政府和乡村干部或直接或间接地参与企业经营当中。在这个过程中,资金、原料、技术、市场开拓等的获取与组合成为基层组织面对的新问题。

安吉县基层干部及农民深受"苏南模式""无工不富"思想的影响,将注意力更多地放在工业上,并纷纷走上"闯市场"的道路。20世纪90年代初,绩乡党委、政府、乡联社进一步提出了"农业富民,工业富乡"的方针,将农业放在了与工业并列,甚至更重要的位置上。乡党委的中心工作之一,是促进经济的发展,而发展经济的重点之一,是发展乡镇企业。追逐利润是经营企业的终极目的。相比国有企业,乡镇企业的生产目的简单明确——销售并获利。

分税制使得地方政府和企业的关系发生了根本性的变化。中央和地方对企业税收的划分不再考虑企业隶属关系。无论是集体、私营企业,还是县属、市属企业,都要按照这个共享计划来分享税收。而在此之前,中央和地方是按照包干制来划分收入的,只要完成了任务,无论是什么税种,地方政府即可保留超收的大部分或者全部税收。

由于中央并不承担企业经营和破产的风险,所以与过去的包干制相比,在分税制下,地方政府兴办、经营企业的收益减小而风险加大了。而且,由于增值税属于流转税类,按照发票征收,无论企业实际上赢利与否,只要企业有进项和销项,就要进行征收。对于利润微薄、经营成本高的企业,这无疑是一个相当大的负担。再者,增值税由完全垂直管理、脱离于地方政府的国税系统进行征收,使得地方政府为保护地方企业而制定的各种优惠政策失效。在这种形势下,地方政府兴办工业企业的积极性受到打击。20世纪90年代中期开始,地方政府纷纷推行乡镇企业转制。一个时代结束的同时,

---

① 杨善华、苏红:《从"代理型政权经营者"到"谋利型政权经营者"——向市场经济转型背景下的乡镇政权》,《社会学研究》,2002年第1期。

意味着另一个时代的开启——乡镇企业民营化和个私经济迎来了发展的春天。

改革开放以后,乡村社会逐渐被纳入市场经济的进程。乡镇企业和民营企业的发展过程,就是不断闯市场的过程。这一时期,锻造出了一批懂管理、擅经营的企业主和个体户。农村社会的"经营"思维在这一波浪潮中最终形成。

三是新农村建设时期的乡村经营阶段。正如前文所述,美丽乡村建设进行到一定程度之后,面临可持续发展的问题。这个现实问题最终倒逼村庄主政者将村庄这个特殊的产品推向市场,即走经营村庄的道路。在经营村庄的过程中,主政者需要思考的问题是如何以最小的投入,将产品质量、服务质量提升,以赢得市场的信任和关注,获得最大的利润。

产品质量和服务质量的提升有多种路径,其中,最快速的办法就是与市场主体进行合作,将外部的经营、管理、规划甚至资本运作等先进经验引进来。安吉境内的高家堂采用的是股份合作的方式,而绩乡的官村则采用的是技术合作的方式。不论是何种合作模式,基层干部与群众都会从中受益,获取经营与管理经验,这个过程潜移默化但又非常直接(见案例3-1)。

案例3-1　旅游公司规划师在官村的"二次创业"①

官村在经营村庄的前三个年头,一直处于建设状态,之前主要是依靠村内的葵花园和尚书文化馆的门票来获取经营性收入,但是游客不足万人,盈利远远小于投入。不过,由于各类项目的支持,官村经营村庄的事业倒是有些起色。2013年,官村获得了大发展的机会,他们获得几个大项目的支持,分别是精品示范村、农房改造和创建国家3A级景区,预计可以获得1000万元左右的奖补资金。资金有了保障之后,剩下的事就是解决如何建设的问题。

按照国家3A景区标准,村庄必须请专业的规划师进行设计,于是李良先后与安吉规划设计院和杭州某设计公司进行合作。不过效果并不好,这些规划师不考虑村里的实际情况,花钱多,搞的规划漂亮但不实用。正当李良一筹莫展时,浙江某旅游公司来到村里考察并谈起了合作。浙江某旅游

---

① 资料来源,调研日志,XHQ20130629。

公司的本意是想做"洋家乐"。不过，经过一番交谈，双方合作开发"洋家乐"的生意没有谈成，不过成交了一个新的合作方式，旅游公司的规划师徐清专门驻点帮助官村搞规划，搞形象提升，此举让官村的形象发生了根本性的变化，并在年终成功创建3A级景区。

徐清，祖籍湖州市，在杭州落户安家，大学时念的化学专业，毕业后"不务正业"，去了旅游公司，并成为一名专业的规划师。徐清来到官村后，不仅改变了乡村的形象，而且改变了村庄的经营策略和工作习惯。徐清谈到了乡村休闲旅游的几个重点：一是规划设计一定不要模仿别的村庄，而要有自己的个性，一流的设计就是要因地制宜，自成一体；二是要充分利用本村的资源，该节约的要节约。节约不仅是节约物质资源，也包括人力资源。在他看来，官村的农民干活老是"磨洋工"。李良来了之后，对人力资源的利用要求高效，他自己亲自上阵监管。此举得到官村书记的赞许。这些用工一般都是书记和村主任的亲信。书记不站出来说话，这些农民只能硬着头皮做事。从管理成本的角度考虑，公司没有损失。熟谙人情运作的李良，常常出面安抚，确保村民在劳动中无抵触情绪。第三点，徐清带来经营理念的改变。徐清认为，旅游开发就是要挣钱，怎么样才能挣钱呢？必须尽可能地让游客在此游玩、过夜。所以很多路线的设计、产品的设计都要考虑这个因素。在这一点上，徐清为官村做了很大的贡献。

徐清的设计理念、做事风格、经营理念都非常理性，很适合官村的发展。在官村评上3A级景区之后，李良依然多聘用了徐清一年，进一步提升景区的品位和档次。

主政者经营理念的获得和经营能力的提升主要是通过教化与涵化两种机制来实现。教化是外在的，是教育者对被教育者的引导过程；涵化是主体在社会文化环境的影响下潜移默化，外在文化影响吸收、逐渐转化为个人价值观点、文化心理素质的过程。在中国江浙等沿海地区，地处改革开放的前沿阵地，相较之下，这些地区的农民较早经历市场的洗礼，对于经营文化的吸收具有先天优势，更早掌握市场经营之道。对于处在特殊位置的村主干，是政府意志的传达者和贯彻者，是市场文化的接收者和传播者。为了让这个特殊群体尽快掌握经营之道，政府往往会通过组织培训和媒体介入的方式不断灌输和强化经营理念。

(三)运用:经营思维嵌入村庄治理

在经营村庄的摸爬滚打中,主政者的经营能力逐渐成长起来,并将其领悟的经营思维与市场运行的基本原则应用到村庄治理之中,逐渐形成了一系列经营性治理的村治理念,实现了村庄治理理念的创新。

1.成本核算的观念

过去,村庄治理仰仗"等、靠、要",不求经济效益,不太需要考虑成本花费之类的问题。在经营性治理的理念中,特别强调将企业的成本核算和追求经济效益的一套治理方法移植到了村庄管理中。在村庄公共事务的决策管理过程中,逐渐形成了进行成本核算的观念,开始懂得了成本—收益分析的重要意义,村庄治理变成为一个精打细算的运作过程(见案例3-2)。

案例3-2 精打细算的"算盘书记"[①]

在官村,李良是出名的"算盘书记",他的文化程度不算高,但是算起账来不含糊,"大账算得清,小账算得精"。

旅游公司经理郑琳眼中的"算盘书记":"2013年,我们举办了安吉县首届成人礼和创意南瓜节,当时广告公司蜂拥而至,红地毯多少钱一米,椅子多少钱一张,老李每一个都打听,然后叫人去市场和淘宝网上比较,要物美价廉他才肯下手。"

村两委委员周文眼中的"算盘书记":"当时办节的时候还要用到鲜花,老李说不用买,反正村里种有向日葵,买点盆子挖来装好,又好看又有特色。"

与之相处的过程中,"算盘书记"的一件事让我对其肃然起敬——对村庄集体资源盘算的清楚、细致。在一次访谈中,他几乎一口气说出了村庄现有的集体土地资产,"耕地10亩,关门石绿化带0.8亩、三步岭至南坞绿化带2.1亩、九曲桥及塘3亩、月亮塘及绿化带2.98亩、南坞回车场1.2亩;林地120亩,就是状元山;荒地143亩,小阳荒山55亩是最大的一块……"

---

① 资料来源,调研日志,XHQ20130629。

2.投资增值的观念

传统的村庄是一个血缘性社会共同体,村庄的治理主要为国家提供捐税,维持共同体的安全和秩序,致富和发展是各家各户的事情。在经营村庄的背景下,主政者开始把村庄作为一个类似于企业的法人实体,对村集体所拥有土地、文化、生态等有形和无形资源进行投资开发,以实现集体经济的资产增值和村庄的经营性发展。

乡村经营的目标是在市场经济条件下,通过运用市场化的手段来降低投资成本,广泛吸纳生产要素,发展市场主体,盘活乡村资产,达到资源的有效整合,使乡村资产保值增值。投资增值是经营村庄和经营性治理的内在要求。

3.利益观

弃利求义是中国的传统价值取向,所以乡村治理中历来不主张利益的追求。受经营理念的影响,村庄主政者主动适应当代中国发展市场经济的新形势,在村庄管理中强调了利益的作用。他们深知村民是理性的行动者,利益对于调动村民群众积极性具有特殊功能,开始探索和运用利益诱导和利益激励机制。他们依靠利益纽带实现社会联结,组织非社团性利益集团,借助利益杠杆实施公共决策和管理,通过利益分配达到村庄内部的协调和稳定。

村级班子的稳定是村庄善治的根本。如何保持班子的稳定和和谐是主政需要考量的。在官村,依靠利益的杠杆,李良较好地处理了班子团结的问题。老村委班子对村庄的影响依然存在。对老班子尊重和关心,对村庄和谐稳定会起到意想不到的效果,李良非常重视维系好这层关系。在每一次大型的成人礼、伏笔礼等仪式活动中,李良都会邀请村委会班子的成员来主持活动,而每次活动都是有收益的,一般一堂仪式活动下来,主持人会收到500元的主持费。对新班子,李良更是下足功夫。在官村旅游文化公司中,有一部分员工是干部家属和亲戚,如村主任夫人、村委委员周文的夫人等。村支书和村主任的关系是班子稳定团结的关键。在绩乡,官村的村级班子是非常有战斗力的,它来源于两者相互联系和配合,不过从根源上说是两者存在许多共同的利益。村主任李仁的弟弟几乎包揽了村庄建设的大小工程。在大事上,村主任偶尔会有不一致的意见。但一旦书记作出决定,村主任一般都会选择服从,很好地维护了书记的权威。

各个村民组关系的维护也是重中之重。李良也能通过利益的杠杆轻松地解决好。一般在村庄建设当中,需要大量的人力投入。各村民组的组长和党小组组长无一例外都会参加建设,从而获得稳定的兼业收入。这样一来,村庄的"政治精英"基本上都被纳入书记的势力范围。

对待普通村民,李良的办法是做好服务,只要合理,有求必应。有时候,面对一些不太合理的要求,他会牺牲自己的利益,去帮助他们。官村村民李福,原本是低保户。在低保问题上,李良没有答应李福的第三次要求。李良认为他们老受照顾,其他村民会有意见。他的真实想法是,这样会变相地鼓励懒惰。面对李福的再三请求,李良最后从自己口袋拿出钱借给他,制造一种"亏欠感"。

在官村,书记与干部群众基本上形成了互惠同盟的关系,特别是在村组干部之间。如此一来,形成了相对稳定的村庄秩序。

4. 人才观

在我国古代的政治文化中,人才一直是当政者与政治家们研究、谈论的核心话题,在传统文化中占有极其重要的历史地位。中国传统文化中的人才观大致有三方面的内容:重贤、求贤、用贤。在乡村治理的历史上,乡绅治村,也大多由有钱有势有知识有名望者担任乡里领袖。在过去的乡绅治理中,乡里领袖的"贤"比"能"具有更重要意义,"贤"和人品是第一位的,是民众认同的最主要基础。在经营村庄的背景下,"能"具有特殊意义,与"贤"同等重要。发现人才、引进人才、培育人才,让人才能安心创业成为村庄治理的新课题。在李良的概念中,官村未来的接班人必须是懂经营的人来接管,是从官村文化旅游公司中产生。

5. 竞争意识

和谐共生、和合为贵等是传统中国社会倡导的主流文化导向。尽管在农村中存在着普遍的攀比,但一般不太主张竞争。而企业是在竞争中生存和发展的,经营村庄中,村庄内外都形成了竞争,实现能者胜的游戏规则。允许和倡导村民之间、干部之间和村庄之间的竞争。通过竞争实现自身价值,通过竞争提升自己地位,通过竞争增强组织和村庄的活力。

在绩乡,由于洛村、观村和官村均是美丽乡村精品村,所以,在争取外部资源的时候,难免出现竞争。竞争的基本规律是,村庄建设的成效、特色,与资源获取之间形成正比关系。这样一来,在村庄之间形成了一种良性的竞争,有助于促进村庄发展和提升村庄的共同利益。

6. 规范意识

传统的村庄是一个熟人社会,村民间抬头不见低头见,彼此之间有各种各样的社会关联,由此形成了复杂的"情面"。"面子"成为嵌入村庄治理的一个重要因素,对公共权力运作的规范形成冲击。而当今中国发展的市场经济,从本质上讲是一种法制经济,要求企业的运行符合国家法律和行业规范。同时,现代企业管理也要求企业管理者和职工按章办事,遵守企业纪律和操作规程。

在经营村庄的背景下,规范意识尤为重要。经营村庄的外部资金往往是通过项目申报来获得的,规范化成为项目评议的基本要求。在这种环境下,村庄的制度化建设是一个紧迫的议题。据调查,官村建成了专门的档案管理室,制定了50多项制度,如村务公开制度、土地管理制度、村民会议制度、农村经济服务站工作制度、民主决策制度、社会治安综合治理制度、图书借阅制度、计划生育管理制度等。

第四章 经营性治理模式的权力结构

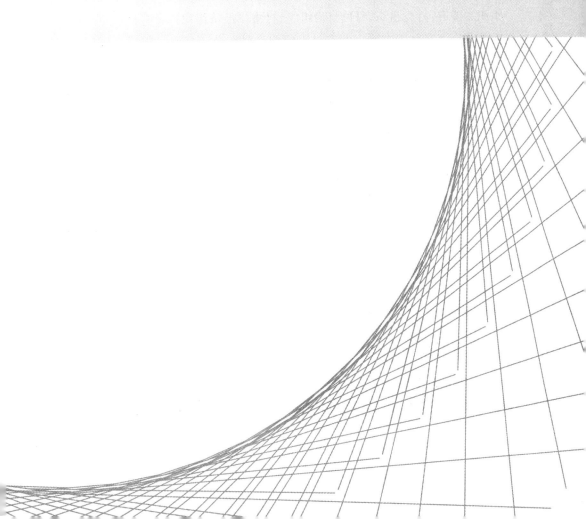

目前,中国农村实行村民自治制度,村庄治理的主体是村民群众。村民群众以各种组织作为依托进行治村活动,行使自治权力。因此,社区公共权力组织体系是我们考察村庄权力结构的一个重要视角。在本章,笔者将立足安吉县官村、孝村和高村三个村庄的实际情况,分析经营村庄前后,村级公共权力组织体系的变化。在此基础之上,讨论经营性治理模式的基本权力结构。需要说明的是,高村隶属于安吉县南部的川乡,是经营村庄的另一个典型,在影响力上更胜官村。高村独特的运作模式吸引了全国众多考察团和研究者的关注。所以,有必要在接下来的讨论中展示它的特征。

一、国家输入的村域公共权力组织框架

根据国家相关的法律法规以及政策规定,目前在村庄一级普遍设立的组织主要有:村党组织、村民自治组织、村集体经济组织以及村群众组织等。但并非所有在村庄中建立的农村组织均为村庄公共权力组织,只有那些以公共权力为构建与运作基础,实施社会治理的村庄组织,才称得上村庄公共权力组织。在现行的国家制度安排中,村庄公共权力组织主要是指村级党组织、村民自治组织和村集体经济组织。

(一)村级党组织

关于村级党组织性质、功能等,中央党政部门制定和颁布了若干制度文本。最主要的有《中华人民共和国宪法》《中国共产党章程》《中国共产党农村基层组织工作条例》《中华人民共和国村民委员会组织法》等。根据有关的制度规定,中国共产党设在村庄中的党支部及其支部委员会是党在农村的基层组织,是党在农村全部工作和战斗力的基础,是村庄各种组织和各项工作的领导核心,是团结带领广大党员和群众建设有中国特色社会主义新农村的战斗堡垒。

(二)村民自治组织

村民自治组织主要是村民委员会、村民会议、村民代表会议和村民小组等。《浙江省实施〈中华人民共和国村民委员会组织法〉办法》完全按照《村组法》的立法精神,规定村委会是村民群众自治组织,由村民直接选举产生,发挥村民自我管理、自我教育、自我服务的作用。下辖若干村民小组和治理、调解等专门委员会。村民会议或村民代表会议由村民委员会召集,讨论决定涉及村民利益的重大事项。村务监督小组对村民会议和村民代表会议负责,监督、检查村务管理情况。

(三)经济自治组织

经济自治组织主要有经济合作社社员会议、合作社管委会和监督委员会等。这类组织同样属于农村社会自治组织,但其自治领域主要在于村级集体经济事务。《浙江省村经济合作社组织条例》规定,村经济合作社具有生产服务、协调管理、资源开发、兴办企业、资产积累等职能,村经济合作社的工作机构是合作社管理委员会;社员会议是村经济合作社实行民主管理的权力机构,讨论决定涉及全体社员利益的重大事项;社员会议选举、罢免采用无记名投票方式;村经济合作社应当尊重和支持村民委员会工作,合理安排发展生产和科技、教育、文化、卫生等公益事业以及办理公共事务所需的资金等。

值得一提的是,《浙江省村经济合作社组织条例》规定,以行政村为单位建立村集体经济合作社,并纳入村级组织体系,这是当代浙江乡村治理结构的重要特色。20世纪80年代以后,农村逐渐推行家庭承包经营和集体统一经营相结合的双层经营体制,并按村民自治的要求,在原先生产队的基础上建立了村民小组。相对原来的生产队,村民小组的经济管理职能弱化。从现有的法律制度看,中央层面的乡村治理制度并没有要求组建独立的村级合作经济组织实体。即使自发形成了各类村级合作组织,它们仍然没有获得制度的认可,有的在组织形式上与村委会,实质上是"两块牌子、一套班子"。①

(四)农村社区组织

近年来,为了满足村民日益扩大的公共服务需求,贯彻浙江省委、省政府《关于推进农村社区建设的意见》(浙委〔2008〕106号)文件精神,安吉县将

---

① 卢福营:《当代浙江乡村治理研究》,科学出版社,2009年版,第28页。

农村社区建设作为美丽乡村建设的重中之重,不断完善基础设施、强化管理职能,有效延伸服务功能。2011 年,全县 140 个行政村按照"一窗口四室五站"的要求,建成农村社区综合服务中心。由此一来,农村社区中又新增了一个服务性的组织。

2008 年,安吉县正式开启"中国美丽乡村建设",其目标是建成"村村优美、家家创业、处处和谐、人人幸福"的城市。要实现处处和谐,就必须实现城乡公共服务均等化,将社保、就业等公共服务延伸到农村。为了做到这一点,安吉县开展了农村社区服务中心星级创建活动。截至 2011 年 8 月,全县包括绩乡 5 个行政村在内的 151 个行政村,完成创建工作,建立起具有统一标识、涵盖"一窗口四室五站"的农村社区综合服务中心。"一窗",即一个便民服务窗口;"四室",即村民(老年人)活动室、图书阅览室、调解室和多功能教育室;"五站",即农业、社会事业、社区卫生、劳动保障、综合治理等五个服务站。

二、经营村庄中的村庄公共权力组织体系

在经营性治理模式中,经营村庄是乡村治理的重要内容。经营村庄改变了村庄治理的资源流量,也促进了集体经济的发展。如此一来,乡村社会也发生了急剧变化,现存的各种组织的地位、功能及其组织方式也发生了重大的变化和调整,新的组织不断生成和发展,一些传统或衰微的乡村组织也有重生的迹象。下文采用社区组织的表述拓宽了组织的外延。从官村、孝村和高村三村的社区组织状况及其演化的微观透视中,我们可以更清楚地看到乡村组织变迁的趋势、特点及其与社区集体经济发展的关联和影响。

(一)三村的社区组织及功能变化

同全国其他地区的乡村一样,安吉县各村都存在村民自治组织、党的基层组织、社区经济组织、群团民兵组织等。由于经营村庄的需要,三村都出现了新的组织,但这些组织的性质又存在明显差别,正是这些差别促使我们反思背后的原因。在此,先对三村的社区组织做一个基本的描述。

1. 自治组织

20世纪80年代,中国乡村政治经济改革的重要成果之一是村民委员会组织的建立,并形成"乡政村治"的格局。按照1982年《中华人民共和国宪法》及《中华人民共和国村民委员会组织法(试行)》(1987年11月24日第六届全国人民代表大会常务委员会第23次会议通过),村民委员会是村民自我管理、自我教育、自我服务的基层群众性自治组织。村委会办理本村的公共事务和公益事业,调解民间纠纷,协助维护社会治安,向人民政府反映村民的意见、要求和提出建议;村民委员会由主任、副主任和委员组成,由村民直接选举产生;村设村民会议,村民委员会负责在村民会议上报告工作;村民委员会根据需要设人民调解、治安保卫、公共卫生等委员会,人口少的村也可以不设;村民委员会可以分设若干村民小组,小组长由村民小组会议推选。这一系列原则规定对村民委员会的组建、功能及其运作方式进行了规范。在人民公社解体后,三个行政村分别建立村民委员会,并依法建立了相应的组织。从整体上看,三个村的村委会组建、功能等没有太大的区别。唯一的区别就是,孝村是开发的前沿阵地,村委会换届选举异常激烈。在2014年的村委会换届选举中,绩乡政府扶植的大学生村官徐超最终败选于村民推举的代表马斌,可谓是"选民的胜利"。

在孝村,不光村委会选举激烈,村民对村民小组组长的选举工作[①]也格外重视。胡荣在研究经济发展与村委会选举的关系时,发现经济的发展,尤其是集体收入的增加,促使村委会选举与村民之间的关系增强,村民也更加积极地参与选举[②]。在孝村,经济发展与村民小组长的选举之间也存在这种关联。孝村村民小组长选举之所以激烈还与另一个经济因素有关联——村民小组长和党小组长在孝村是有务工报酬的。2009年,孝村制订了《孝村队干部统一务工报酬》:标准是600人以上的生产队每人每年6000元;600人以下的生产队为每人每年5000元。

---

① 《村组法》第21条规定,"人数较多或者居住分散的村,可以推选产生村民代表,由村民委员会召集村民代表开会,讨论决定村民会议授权的事项。村民代表由村民按每五户至十五户推选一人,或者由各村民小组推选若干人"。孝村辖23个自然,总人口2860人。因此,较早实行民主选举村民小组长。

② 胡荣:《经济发展与竞争性选举》,《社会》,2005年第3期。

在经营村庄的背景下,官村、孝村和高村自治组织的功能发生了明显的变化,承担了村庄发展功能。不过,三者又存在明显的不同。为避免重复,本文将"经济组织"的部分予以详述。

2. 政党组织

官村、孝村和高村三村社区组织的核心是中国共产党的基层组织,建国初期建立起来的基层组织。官村支委由3人组成,分别是书记李良、村主任李仁和村两委委员周文(兼村委委员),支委班子平均年龄44岁。2011年,官村党员数为55名,其中女党员11名。目前,由于村庄经济组织的增多和党员人数的增加,官村、孝村党支部均已升级为村党总支。官村经常组织各种各样的党员活动,加强了党员经常性教育活动,甚至保持着一年2次党员义务活动的传统。调研时,李良指出,官村党组织建设存在的主要问题是:村级集体收入还不够稳定;班子队伍人员不足,年龄结构不够合理,力量薄弱;村级办公场所硬件设施老化。2011年,经营性收入45万元,集体经济总收入211万元。由于村集体经济的壮大,村党支部的带领致富能力得到认可,村支书的个人威望比较高。

高村与官村相比,是一个山地更多(林地面积9729亩),但人口更少的村庄,辖234户,826人,9个村民小组,由于山多林密景美,一直是安吉美丽乡村建设的标杆,乃至全国的标杆。高村的村支委也由3人组成,分别是村支书周鑫、支部委员2名。就村级组织的内聚力、战斗力而言,官村更强。反观高村,由于9个村民小组内部都是同姓,村民组内大多有家族传统,内聚力和自治性较强,这与徐勇教授等人在广东清远观察到的情况比较一致①。不过,到了更大规模的村级层面,内生秩序就要差一些。周鑫经常要担任救火队员的角色,后来到了经营村庄的阶段,他将经营村庄的事务交给村企合作的旅游公司——安吉县迪莱风情旅游开发有限公司来打理。

孝村俨然是折晓叶笔下的"超级村庄",在企业与学校等机构没有被引进之前,孝村就是一个拥有100多名党员的大村,如今成了真正意义上的"超级村庄"。特别是与官村相比,孝村像是一个庞然大物。孝村党支委由4人

---

① 徐勇、赵德健:《找回自治:对村民自治有效实现形式的探索》,《华中师范大学学报》(人文社会科学版),2014年第4期。

组成,除了村党总支书记蔡顺外,还有 3 名支部委员(包括大学生村官徐超)。村民总惦记着一件事,"孝村那个党员干部到海南,名为'考察',实际上是拿老百姓的钱去旅游,去潇洒,还跳脱衣舞。"虽然后来有人澄清蔡顺书记并没有参与其中,但终究成为孝村党组织的一个污点。

3. 经济组织

孝村与其他两个村庄不同的是,在孝村地界上,有一个县级管委会(安吉县教科文新区)驻扎于此。从这个组织的名称来看,不像是经济组织,而是更像一个文化组织。但是从县乡政府的角度来看,教科文新区却肩负着产业转型的重任,起到经济增长极的作用。严格意义上,"管委会"是介于政治与经济之间的一类组织,是中国特色的又一个生动体现。如果要进行归类,应该可以称其为经济服务组织。管委会虽不是纯粹的经济组织,但是却承担着许多经济功能,包括招商引资、融资等。

2013 年,安吉县教科文新区经省政府批准设立,成为安吉县重点开发区之一。开发区位于绩乡孝村和地铺镇(县级开发区)庄村,三村、双村两个乡镇四个行政村内,总用地面积约 19.44 平方公里。新区的管理者是绩乡的原班人员,属于"一套人马,三块牌子"的"政区合一"管理体制。

管委会的职能部门包括:5 个行政处室,党政办公室、国土与规划建设办公室、农村发展办公室、经济发展办公室、财政所;2 个事业单位,安吉智城建设发展有限公司、安吉智城农业发展有限公司;5 个派驻机构,国土分局、城管分局、财政分局、规划分局、司法分局。其他的社会管理事务由绩乡政府统一管理。此外,绩乡政府实施联村制度,孝村的联村领导(副乡长)2 名,联村组长 1 名,联村人员 6 名。

在一定程度上,管委会替代了孝村经营村庄和村庄发展的职能。不过,孝村还是拥有自己的"自留地"。孝村书记蔡顺兼任经济合作社社长,可以通过这个组织进行开发活动。孝村除了获得土地出让收入外,还有场地出租收入。正在建设的"职工之家",总面积为 6202.6 平方米,是 5 层楼的商用住房。其中,店铺用房约 1207.78 平方米,将会为孝村集体经济带来源源不断的财富。

孝村的经济组织还拥有数量可观的私营企业,包括电子、机械、五金、竹林制品等 20 多家企业。这些非公企业的党员分别被纳入机关党总支部和绩乡(街道)联合党支部管理中。可以看出,绩乡加强了对民营企业的党建工作和影响。

官村除了有经济合作社(联社),3家从事竹制品加工的小型私营企业等经济组织外,还有最为耀眼的经济组织——官村文化旅游公司。顾名思义,该公司主要从事文化休闲产业经营,主要文化产品是尚书文化和田园风光。公司性质是集体企业,注册资金30万,当时以村集体资产折价抵押。李良担任公司董事长,其内弟媳郑琳担任经理。可以看出,李良牢牢地保持着对村庄的影响力。

现代企业制度在乡村的落地有一个适应的过程。对于官村而言,是一个只有三个村民组的熟人社会,村庄内生机制(如人情、面子、血缘、地缘等)在维持村庄秩序中仍有一定的作用。我们可以从李良书记的口头禅——"怪难为情的"中窥得一斑。因此,郑琳在企业管理当中,常常会受到这些内生机制的影响。"我以前在自己的作坊(竹筷坊主),外面来的人做得不行可以直接说,没有二话的,因为做得不行就是不行,事实摆在那里。但是这里的人(村民)不一样呀,我说她几句她人就走掉了,我把她(某女员工)叫回来说,你这个态度不行呀,因为你把事情交给别人,一定要交代清楚。她后来就说,(我的)口气不是很那个(温和)。那时候也是很忙,因为领导要来了。她们可能不习惯(我的做事风格),让她们下不了台,说大家都是一起的。那时候我就没想这么多,我想我应该怎么做就应该做得好好的,那时候就生气了,没想这么多。"(访谈记录,XLL20130624)

在安吉,林业的地位比较高。在2008年开始的集体林权制度改革中,安吉走在全国的前列,在配套制度建设上领先全国(如抵押贷款、纠纷仲裁、林业专业合作社建设等)。后来,抵押贷款和专业合作社的工作找到交集。金融机构支持林业合作社贷款,国家贴息。官村成立的毛竹合作社先后贷款两次,两次一共获得1000万元的贷款支持,精明的李良书记再以高利息转贷给迫切需要资金的绩乡政府,两年共获利50多万元。这说明,专业合作社在乡村治理中体现出积极面相。

前文提及的高村拥有特殊的经济组织——安吉迪莱风情旅游有限公司。在2012年,经营村庄面临转型升级,打造国家3A级景区。村两委5名工作人员面对沉重的村治任务,无暇顾及经营村庄的事务,于是引入了社会资本——迪莱公司(原企业方此前做旅行社生意)。双方约定,在集体通过村域内自然资源及基础设施提取固定回报的前提下,拿出部分资金入股占比30%,合作公司现金出资70%组建了迪莱风情旅游开发公司,通过旅游公司来开展高村的村庄经营活动,村委及村民小组负责村域的协调工作和政策处理。村里只负责基建,并派驻财务进公司,景区由公司负责开发包装与营销。

该公司将整个村庄作为一个大景点来打造。近年来,高家堂的各类项目已投入和计划投入的资金累计3.1亿元左右,村集体投入资金1600多万元。为实现项目投资、工程建设对村庄经营的贡献最大化,高村把已建或在建的各种休闲旅游项目合理的纳入到村庄经营项目中,利用海波山庄(上海某乳业公司的休闲会所)等现有的资源串联整合,来满足吃、住、行、游、购、娱等旅游要素的要求,实现利用现有项目来为村庄经营服务。

4. 群团组织

群团组织通常包括工会、共青团、妇联会等群众组织,它们被视为中国共产党和政府与人民群众建立联系的桥梁和纽带。除了上述组织外,乡村地区广泛存在的民兵组织、人民调解组织和治保组织也被列入群团组织。

在上述组织中,妇联会在美丽乡村建设与经营村庄的队伍中脱颖而出,发挥了较大作用。也可以说,美丽乡村建设激活了妇联会。在官村,妇女成为美丽乡村的重要建设力量。李良在动员村民参与美丽乡村建设时,将重点放在女性群体上。

2012年,安吉县出台了"美丽家庭"行动计划。实际上,美丽家庭的评选从2009年就开始了,不过当时的重心是村庄,特别是中心村。美丽家庭的评选主要包括五个方面:家庭生活美、居住环境美、心灵健康美、公益慈善美、道德风尚美。女性不仅在建设美丽家庭方面做贡献,在繁荣乡村文化,唱歌、跳舞、排练乡村民俗节目等方面也都发挥着重要作用。

总体而言,经营村庄激活了沉睡已久的村庄社区组织,比如村民小组、妇联会。2010年,安吉县制定了"美丽家庭星级创建"的激励措施。例如,评上五星级的美丽家庭可贷款授信额度为20万元,免担保,享受优惠利率;电信、联通有线宽带包年服务在标准资费基础上优惠150元/户;移动无线宽带包年服务6折优惠,移动有线宽带包年服务5折优惠等。当然,能评上星级家庭的农户毕竟是少数,光靠物质奖励是不够的,还得在思想上进行动员。妇女组织在思想上动员这一方面就发挥了很好的作用。官村妇女主任金燕之前一直从事的是会计工作,实施村财乡管之后,主要负责协助乡财政所工作,此外,承担起代办《独生子女证》、代办二孩《生殖健康服务证》、代办《流动人口婚育证明》,代办老年优待证,免费发放避孕用具,为丧属办理死亡证明以及妇女儿童维权等管理性工作。经营村庄中,金燕承担起美丽家庭创建的动员、组织工作。为此,她多次召开妇女大会,要求妇女同志要更加注重房前屋后和家居生活的清洁工作。同时,她还带领村民成立官村舞蹈队和腰鼓队。

(二)三村的权力结构及变化

社区权力结构,是社区权力配置与运作过程中形成的相对稳定的结构状态,它反映了社区权力分配状况。不过,本文研究的是经营村庄对社区权力结构的影响。换句话说,社区权力结构具有相对性,并不是一成不变的。在特定因素的影响下,权力结构也会随之发生变化。2013年,是选举年。通过选举结果的考察,可以分析出经营村庄这个新的变量对社区权力结构的影响。

1.官村的权力结构及其变化

如果把官村的权力结构放到演变历程中考察,可以发现,官村在两个时间段的权力结构是非常稳定的。一是人民公社时期(1962—1984年);二是新世纪初至今。村民们有记忆的第一任书记叫彭年,是1962年到任,直到1983年家庭承包经营制度改革时才退下来,执掌官村权力长达22年。彭书记属于典型的"毛式干部",思想先进,是计划经济时代的优秀农村干部。那个时期官村是模范村,虽然耕地不多,但彭书记主张自力更生,不靠国家支持,动员全村老百姓开荒拓土(官村现存的耕地多半都是那时开垦出来的)、抓生产,建水电站,修马路,建大会堂、粮仓,一派热火朝天的景象,"政绩"显著。

彭年的这种热情获得了上级政府的充分肯定,官村年年被评为全县的先进大队,但同时他一味地强调集体,招致了本村群众的怨言,为了多上缴公粮,备战备荒,官村的仓库常年存粮高达二三十万斤,而却将农民每月的口粮控制在一个较低的程度,使得很多老百姓不得不去邻村借粮度日。食不果腹的农民难免消极怠工,为了消除成员惰性、强制大队成员参与劳动,他甚至采用不合理的手段,导致群众畏惧者甚多。

时至今日,彭书记在官村群众心中都是一个争议较大、毁誉参半的形象,他加之于官村老百姓心中对"集体"的阴影至今依然存在。彭书记退休之后,官村权力结构陷入极不稳定的状态,干部几经更替,最短的两任书记只在任22个月。直到2002年李良上任,这种不稳定状态才得以终结。在李良的带领下,官村重新成为模范村。可以说,彭年与李良分别代表了计划经济时代和市场经济时代的两种权威,前者属于体制型权威,后者属于经济能人型权威。

1964年出生的李良只有初中学历,但是颇有经济头脑,曾长期担任绩乡竹笋罐头厂厂长助理。2002年,官村原书记彭军(彭年之子,李良的连襟)力荐李良出任支部书记。

上任后,李良抓住全省实施的"千村示范、万村整治"的机会,带领村民开展农村整治工作,并于2004年获得了第一份荣誉——县级文明村。此后,他逐渐领会到国家将会加大农村工作支持的力度,坚定了建设新农村的决心。2012年,李良决定以村集体为基础,通过与市场对接发展乡村旅游,随之成立了官村文化旅游公司,并担任董事长。由此,李良将村庄的发展权牢牢地掌握在自己的手中。

可以看出,20世纪80年代以来,官村权力经过了从集中到分散再到集中的过程。虽然集中的程度不如"南街村""万丰村"等[①],但在官村权力结构的考察中,我们首先就注意到,村公共权力体系存在"总支领导"和"书记挂帅"的特征。

官村村级最高集体领导和决策机构是中共官村总支委员会("总支"),总支4名成员兼任村社区组织的主要职务(见表4-1)。官村属于村党支部,处于绝对的领导地位,村书记身兼经济联社的社长、旅游公司董事长、官村毛竹经济合作社的社长等数职。村主任李仁兼任总支副书记、经济联社副社长、白茶合作社的社长(书记为副社长)。治保主任周文兼任总支、村委委员。另外,村主任和治保主任的夫人都在旅游公司任职。

---

① 可参看,项继权,《集体经济背景下的乡村治理:河南南街、山东向高和甘肃方家泉村村治实证研究》,华中师范大学出版社,2002年版;徐勇,《权力重组:能人权威的崛起与转换——广东省万丰村先行一步的放权改革及启示》,《政治学研究》,1999年第1期。

表 4-1　官村总支成员及其职务

成员	党内职务	村委会职务	旅游公司职务
李良	总支书记		董事长
李仁	副书记	主任	
金燕	委员		
周文	委员	委员	

从官村总支成员及其职务中我们发现,总支书记李良兼任村旅游公司董事长的职务,并以总支书记的地位领导村委会主任李仁及其他成员,因而处于领导的核心地位。主任李仁也认同书记的核心地位:"在重要问题的决策上,我有不同的看法一定会讲出来,有的时候与书记争得面红耳赤,但是一旦书记作出决定,就必须按照他的思路来做,即便是错的也要服从。"(访谈记录:LZR,20130726)

在总支领导下,官村对村公共事务的管理进行了一定的分工,进而使社区公共权力的配置也出现了一定的分权。这种分权是在经营村庄的背景下发生的。村书记和村主任的重心转移到旅游公司,村主任是决策的执行者。虽然李仁不在旅游公司任职,但由于旅游公司的集体性质,在重大决策时,公司决策也会邀请他参加。治保主任周文则坚守村两委办公大楼,在原村主任李发等老干部的辅助下承担起一般事务的日常工作,如遇解决不了的问题才找书记、主任帮忙。总体上,呈现出"经营"与"服务"两套分工体系,不过显然"服务"系统是在党总支领导下开展工作,不可能动摇总支书记的领导地位,这是经营理念在村务方面的效率运作的体现。旅游公司成立和运行成功后,进一步强化了党总支书记李良的领导地位。旅游公司是村办公司,公司员工也需要承担大量的村务工作。这个很容易理解:因为公司的资金来源于集体,争取项目资金的工作不仅是村委的工作,也是旅游公司的工作。而且经过专业、系统的训练,旅游公司在项目运作方面更加的成熟。书记实际上有更多的人可用,对公司员工的工作可以直接采用命令的方式来进行。

同南街村、华西村等集体经济强大的社区权力结构相比,官村社区权力结构最大的不同在于社区权力集中程度的有限性。虽然旅游公司的成立使得集体经济的实力有所提升,但公司不属于劳动密集型企业、用人有限。大部分村民的生活与生计并不来自旅游公司,因此社区权力资源也处于一定的分散状态,特别是对相对分散和个体经营、私营业主,社区公共权力的干预和管理能力受到一定的制约。

总之,官村社区权力呈现出明显的党的"一元化领导"及"书记挂帅"的特点,是一种集中的权力结构。经营村庄使得这种权力结构更加固化,在2013年年底的村两委换届选举中,4人全部当选,继续留任。随着旅游公司的进一步发展,越来越多人与旅游公司发生关联,书记的权力将进一步提升,权威能量将进一步增强。

2.孝村的权力结构及其变化

在企业与学校等机构没有被引进之前,孝村就是一个拥有100多名党员的大村,如今更是成了"超级村庄"。村两委由7人组成,除了村党总支书记蔡顺与村主任曾荣外,还有3名支部委员(包括大学生村官徐超)与2名村委委员。蔡顺兼任经济联社社长,主持总支全面工作,主管财务、文化、教育、企业、招商引资等工作。曾荣担任党总支副书记,负责主持全村日常行政工作,主管农林用水、计划生育、村庄整治规划等工作,具体分管山林及生产开发。整体上,村党支部在权力结构中居领导地位,蔡顺是首要领导者。

20世纪90年代以来,孝村的村务管理中存在"工农分治"的特点,书记更多的是管工业,而村主任管农业。这种情况在2007年之后发生变化。党总支书记蔡顺告诉我们:"村级管理是在党总支统一领导下进行的。我目前主要是搞开发,村内具体事务由村主任负责。"蔡顺提到的"开发"是指前文提到的安吉县、绩乡与孝村合作开发的"安吉县教科文新区",他负责开发区工作及与县乡的协调工作。其中,大学生村官兼总支委员徐超的日常办公在"安吉县教科文新区管委会"。

在考察中,我们发现,蔡顺的说法是一厢情愿的。在与绩乡副乡长潘敏及拆迁办B组负责人(负责孝村征地拆迁的,现已是绩乡党委委员)虞城的访谈中均指出,孝村干部主要领导人工作能力一般、魄力不足,征地拆迁的工作推进多数时候得仰仗村民小组组长。

这一定程度上说明蔡顺领衔的村委班子工作没有得到政府的肯定,与之相同的是,村民普遍也对村委班子工作不满意。用村民的话来说,孝村的干部都把心思放在"怎么样才能多贪点"上。蔡书记则说:"改革之后村民没有过去好管了,太散了。你跟他谈东,他就说西。他们看重的是他们那一亩三分地,村庄发展给他们带来的实惠,他们却视而不见。我们每年给各家各户分钱,他们数钱的时候'喊爷',钱放兜里又开始'骂娘'。"(访谈记录:CSR,20130811)

或许对于突如其来的大发展,老百姓和村干部都还没做好准备,对于世世代代面朝黄土背朝天的农民来说,"有土地就有方向,没土地就变游民。"各种心态的都有。老百姓希望干部少贪点,最好为百姓们多挣点利,在关键问题上能与政府顶顶杠。村干部希望村民都能做个好顺民,他们的工作更容易点。由此,村干部与村民间的隔阂和不信任感是显而易见的,这事实上说明孝村权力的离散性。在2013年的选举中,村主任最终换人,原主任曾荣都没进入提名名单,说明书记对村主任曾荣的工作并不满意。

总体而言,孝村的权力结构表现出较大的离散性。在换届选举之后,这种局面并没有得到扭转。MIS说,"额,现在的村主任就是个名头而已,他就像是被慈禧太后控制的傀儡皇帝一样,慈禧太后有很多个,我也说不了太多,只不过我们都这么说,有的事其实并不是他在做"。(访谈记录:MIS,20130812)

XL说,"孝村村委真的已经不是一两个人的问题了,已经是病入膏肓的感觉,要想好起来,必须得从上到下全给换了还差不多。"(访谈记录,XL,20130812)

3.洛村的权力结构及其变化

与官村、孝村相比,洛村的权力结构变动最大,这与经营村庄受挫有关。前文提及,在美丽乡村创建之初,洛村坐拥两个大项目,其中一个项目更是引起了H市委书记的高度关注。但是在后来的三年多时间,网易、申博项目都没有大的进展。网易项目发展较慢,责不在村领导,而在申博项目。绩乡政府认为洛村村两委领导不力、不团结、不接地气,是造成项目停滞的重要原因。

原有班子由5人组成,分别是执政长达18年的村支书郎福、村主任黎强、村会计王忠、妇女主任郑波以及大学生村官陈瑾。与官村、孝村书记一样,郎福兼任经济联社的社长,在村庄事务中也是"书记挂帅"。黎强是在2007年竞选成功的,当时也得到了郎福书记的支持。书记、村主任度过2、3

年的"蜜月期",权力结构比较稳定。2010年,在申博项目上,两人发生较大分歧,产生隔阂。以至于后来还出现了过渡时期的副村主任华栋。

在第二次赴洛村调研时,原会计王忠认出笔者,在访谈结束后,他邀请笔者到农家乐中吃饭。席间,王忠说:"在经营村庄之前,两人(书记、村主任)的配合嘛,还好,虽然偶尔有不一样的看法,但是在大是大非上还是能保持一致。后来在土地流转问题上,两人相互责怪。黎强不主张花钱买平安,否则接下来的流转工作就难以开展。郎福认为可以与'钉子户'达成秘密协议,这样可以加快工作的进度。两人说起来都有理,却谁也说服不了谁。最后还是按书记的执行。执行的结果,你是知道的,钉子户ZLD最后把书记给出卖了。'钉子户'事件发生了以后,郎福主张绩乡政府强势介入,试图对滋事的'钉子户'采取强制措施,而黎强则不主张这么干,意见完全不统一。后来,黎强经常以各种理由为借口不来上班,即便来了也总是关着门,很多工作都没有继续推进。"(访谈记录:WYZ,20130715)

在2013年年底,洛村的权力结构发生了大变动,由5人组成改为由6人组成且人员发生较大变动,分别是41岁的第一书记陈政、24岁的支部书记华栋(原副村主任)、村主任王忠(原会计)、妇女主任郑波(留任)、村委委员王鹏、支部委员陈瑾(原大学生村官)。陈政是绩乡干部,全面支持洛村各项工作。华栋是空降来的大学生,之前在县团委工作两年,这次直接担任洛村支部书记,主持各项事业建设,负责财务审批,联系二队和四队。王忠则成功当选村主任,主持村委会全面工作,并兼任治保调解主任,分管农、林、水、农电、土地、城建,协助村书记抓好各项事业建设,联系五队、七队。

这次权力结构大调整最大的特点是主职干部的年轻化。他们做的第一件事就是加强与村民的联系,熟悉民情。首先,建立民情联络站,收集村民的问题,并建立领办责任人制。截至2014年8月,共受理37例问题,已得到解决的是4例,解决的主要问题是:"卫生垃圾处理不是很干净";"家里人常年在外打工,不放心独自留守家中老人";"街道卫生院的常规药都没有,药太少";"提出想把父亲蒋金福的户口落户到蒋大明户中,望政府帮解决"。[①]虽然村民对新班子的工作还未认可,但新班子体现出来的态度还是具备积极意义。其次,推进村务公开栏进组,并明确督办人。再次,建设文化大礼

---

① 资料来源:洛村新任村主任王忠给笔者寄来的材料。

堂,举办形式多样的文化活动,丰富农民群众的精神生活。总之,新班子成立以后,密切联系群众,试图找准和回应群众的利益诉求,建立村民互信,而不是大兴土木、大拆大建。

总体上看,经营村庄对社区权力结构产生了较大影响。不过,各村的具体情况不太一样,官村因经营村庄,权力结构更加高度集中,而孝村则表现出较大的离散性。经过调整的洛村权力结构呈现出一定的分权,出现了"两个书记挂帅"的局面,村两委的干部分工也比较明确。

我们注意到,村庄社区权力结构的变动与经营村庄存在显著的关联。可以作出的判断是,经营村庄是影响村庄治理的重要变量,经营村庄的好坏影响权力结构的稳定性。接下来,我们通过官村与其他村庄比对的方式,来讨论村庄权力结构与经营村庄的关系。

(1)官村与洛村:权力结构的稳定性、权威的集中性、经营绩效要大于洛村。

李良书记自2002年以来,从村治到美丽乡村建设再到乡村经营,一直担任村支书。随着乡村不断取得新的成效,原来认为经营村庄不能成功的看法逐渐被击破,一个发展型权威逐渐在村庄舆论中形成。这种权威是靠主政者的劳动和智慧不断锤炼出来的,容易在群众中形成稳定的认同感。这种认同也包括村两委干部对"一把手"的认同。由此一来,官村的权力结构非常稳定。洛村则经历了几年的内耗,由原来的领跑位置变得停滞不前,最终被官村所超越。这说明村委班子团结是经营村庄成功的重要影响因素。反之,不稳定的权力结构对村庄发展来说是百害无一利的。村庄社区主要领导关系的稳定是推动乡村善治的关键。

(2)官村与孝村:经营村庄的绩效,孝村优于官村;权力结构稳定性与权威集中性,官村强于孝村。

经营村庄的绩效方面,孝村的整体绩效优于官村,特别是村庄发展快,集体经济暴增,村民就业更好、收入更高。不过,这种绩效的获取与政府的投入、经营密切相关,或者说孝村的经营村庄属于"政府替代式"。这在一定程度上也说明,经济发展不一定带来治理状况的改善。在土地开发中,地方政府在收益的分配中与民争利,孝村村两委试图在两者之间做出平衡,但实际效果并不明显,最终两面不讨好。绩乡政府对孝村村两委工作并不满意,村民对其也无好感,以至于各方势力在换届选举中展开了激烈的争夺。由此可以看出,经营村庄的好坏,并不是权力结构稳定性、权威离散性的唯一决定性要素。

（3）官村与高村:经营村庄的绩效,高村优于官村;权力结构均比较稳定,不过官村权威集中性、明显强于高村。

经营村庄的绩效方面,高村的整体绩效优于官村。不过这种绩效的获取与企业的加盟有关。从分工的角度来看,村两委将自己并不擅长的领域——"经营村庄"交给专业机构来打理,显得更加的合理。不过,企业进村的赢利目标与村级公共组织的公益性目标存在一定的张力。不同性质的组织结合在一起,既推动了村庄发展,又对村庄秩序带来了较大冲击。从村级权力与权威状况来看,高村的权力结构比较稳定,不过村干部权威明显不足,村干部做事、创业的积极性要低于官村。

总体而言,经营村庄的好坏,并非权力结构稳定、权威集中的唯一决定性要素。像官村这样的村庄,村干部主导经营,并且在经营业绩上取得明显成效,村庄权力结构稳定,并且村级权威集中性较强。此外,产权结构、利益分配等也是重要影响因素。

从产权结构来看,虽然部分村民认为官村的集体经营与其无关。这种"无关"感的出现主要是在企业经营初期,随着经营绩效的不断提升、影响日趋扩大、利益的关联性逐渐增强,村民的观念也随之发生变化,对村集体的认同感不断增强。在孝村,出现了更加复杂、多元的经营主体,各方的利益博弈更加激烈,村民的"有关"感增强,但是认同感并没有随之增强,问题在于孝村经营村庄过程中牵涉到大量的利益分配问题。

第五章 经营性治理模式的运作过程

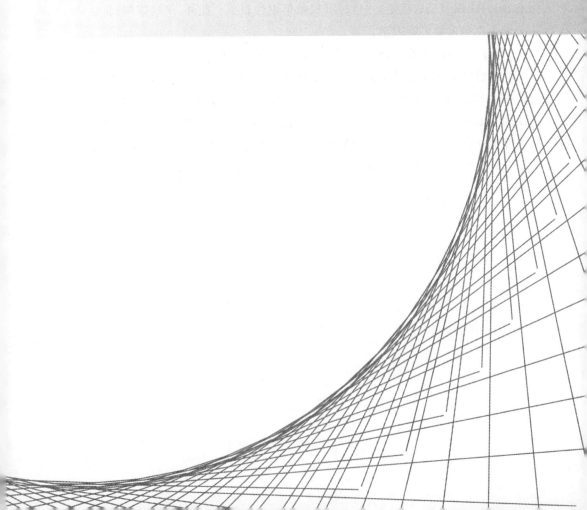

乡村治理涉及面很广。从治理过程方面来说,包括村庄公共管理、公共决策、公共参与、公共监督。从治理内容方面来说,包括秩序维护、公共服务设施、基础设施建设与维护、计划生育管理以及村庄发展等。经营性治理强调的是治理的方式,即用企业经营中的一些经验和办法解决治理中的问题。本章将围绕治理内容、治理主体、治理原则以及乡村经营等内容系统地分析安吉县经营性治理模式的运作过程。

一、经营村庄:乡村治理的重要内容

从治理理念上讲,经营村庄理念的形成与提出,实现了村庄治理理念的创新。经营村庄是对企业经营理念的传承与超越。它把按现代科层制结构组织起来的企业的管理办法和经验,具体应用于以派系为核心的新差序格局组织起来的村庄社会;把经营企业过程中积累的经济管理经验,用于村庄治理的公共管理;把等级明显、角色分明的企业管理,移植到角色错杂,强调平等、自主的村庄治理中。这无疑是一种超越[1]。这种超越,是对人民公社体制下形成的依靠和争取上级的支持,贯彻和落实上级的命令,以"等、靠、要"为基础,以完成任务争先进为主要目标,追求速度但不求效益等构成的治理理念的超越。

在安吉县,经营村庄不仅是一种乡村治理理念,更是一种现实的、自觉的行动。这种自觉行动所呈现的积极特征与全国许多乡村形成鲜明对比。在过去的汲取型体制下,乡村治理的中心工作是税费提取和计生政策落实。取消农业税费以后,回馈型体制逐渐形成,地方政府的主要任务不再是从小农经济剩余中汲取有限资源,而是向上用力、争取国家财政对支农项目资金的扶持。学界对基层干部角色或形象描述较"消极",如经济统治、撞钟者、政权依附者等。乡村治理多呈现维持型治理的特征,甚至在某些时候处于无治理的状态。

在官村,经营村庄占据了书记、村主任的大部分时间,谋发展、谋盈利是

---

[1] 卢福营:《个私业主主政的村庄治理——以浙江永康市为例》,华中师范大学博士学位论文,2006年,第110页。

书记、村主任的中心思想和现实目标,而经营村庄的目标就是发展休闲旅游业。在经营体制上形成了独立的企业法人组织,村书记亲自担任董事长,通过公司化方式来运营,如此一来大大提高了经营村庄的效率和效益。

2010年,官村开始经营村庄,最初主要是通过项目运作和政府投入,建造"开心农场",试图通过农事体验活动来吸引游客。此时,由于旅游项目单一,亦无系统的营销策略,官村经营村庄的事业并无多大起色。

2011年开始发展打造尚书文化馆和建设葵花园,并从陕西引进礼文化。相传,官村因明朝时出了一名尚书(杨振普)而获此村名。村书记李良紧紧地抓住村名由来这个点,先后建造了尚书阁、藏书阁与状元阁。尚书阁是一个蜡像馆,通过蜡像的形式,建构出明朝尚书杨振普求学的历程。状元阁位于本村"火焰山"山顶,状元阁是尚书文化旅游的一个重要环节,状元阁里立有杨振普的雕像,可供游客拜祭和祈福,此外,状元阁外还悬挂着一个巨大的钟,人们可以敲敲钟,一来是可以放松心情,二来"钟声"寓意一鸣惊人。

实际上,村民们对是否有这么个人是存怀疑态度的,甚至对村书记的炒作行为表示不理解,认为村书记虚构人物的方式不可能吸引游客,也不可能给村庄带来收益。与村民的态度相反,李良非常看重文化在经营村庄中的作用,并不止一次地跟笔者讨论乡村建设和经营的文化品位问题。在他看来,以葵花园为代表的观光农业很容易被其他村庄所模仿,长此以往就会毫无特色。而文化景观容易形成特色,因此他不遗余力地开展文化建设,并致力于文化馆的打造。尚书文化馆是一次初步尝试,但是文化形式稍显单一。

2012年,官村成立文化旅游公司,开始公司化运作。在一次公司内部讨论会中,官村旅游公司经理郑琳认为现有的尚书文化馆缺乏仪式感与体验感。之后,员工们开始在网上寻找仪式感较强的文化活动,后来找到了陕西西安一家文化公司,并引进了"礼文化"。礼文化有很多种类,经常被采用的是开笔礼、成人礼、尊师礼、拜师礼等。

官村的另一个休闲项目是农业观光园。种葵花在老百姓心目中是为了获得葵花籽。而在官村,最初种上的是不结果的葵花。这让老百姓很难理解,不愿意种,李良只能发动党员义务种葵花。由于葵花的花期一般不超过一个半月,所以,葵花游是季节性旅游。李良为了解决这个难题,参与了县委党校组织的农业技术培训学习班,并向来自台湾的老师请教如何延长花期。台湾的老师给出的方法是在不同的日期种植葵花,以保证游客随时都能看到葵花海,不至于让游客乘兴而来、败兴而归。2013年开始,官村提升了观光农业的品质,并在林区种植了樱桃、杨梅、桃树等。

随着这两个项目的日益成熟,官村经营村庄的事业逐渐走上正轨。2013年,与官村杭州某国际旅行社达成合作,并派出规划师徐清帮助官村打造景区。徐清来到官村之后,迅速构建了以葫芦岛项目为核心,将分散的景点整合起来的规划。葫芦岛项目就是利用尚书溪的溪流,建构一个人工湖。在徐清看来,光有山没有水,显得很单调,缺乏灵性与活力。经过半年的努力,终于完成湖的建造与湖边景观的设计工作。景区的建立使得官村拥有了一份真正意义上的新产业,即休闲产业。

有了休闲产业后,官村书记李良便想着如何扩大景区的影响力,让更多的游客知晓官村、关注官村、光顾官村。有了客源之后,李良想的事情就是如何留住更多的客人,让客人在不经意间尽可能多的体验消费项目。在李良的带领下,官村旅游业的发展蒸蒸日上。

在官村,以往农民想象不到的事,如城里人花钱来村里抓鱼、摸虾、爬山、做饭、拍照、承包土地等,持续上演着。通过经营村庄,"乡村,让城市更留恋"的安吉宣言,不再是口号和梦想。

二、投资增值:村庄经营的主要内容

(一)集体资产增值是村庄经营的根本目标

在人民公社体制下,农村实行生产资料归集体所有,农民集体生产、共同劳动,消费品统一分配。从某种意义上说,主要通过剥夺农民家庭和个人的经济权利,实现了较丰厚的集体经济积累。农业生产家庭承包经营后,原有的集体财产大多被平均分配给各个农户。而且随着经济体制改革的推进,原属乡村集体所有的乡镇企业也陆续改制,变成民营企业。村庄集体经济实力大为削弱。

农业税是村级收入的重要组成部分。取消农业税后,村级收入大幅减少。由上级财政转移支付的村级经费较少,只能用于支付村主要干部的工资报酬,无法满足其他村组干部的补贴、村内五保户供养、办公经费等的支出。这对于多数无集体经济来源的村庄来说,收支矛盾日显突显,只能勉强维持日常运转。在这种状况下,村级组织无钱办事的现象普遍存在,只能应付了事,这就大大削弱了村组织的凝聚力。

安吉县的不少村庄也存在村级债务问题。集体财政薄弱、无钱办事,客观上已经成为制约安吉县经济社会发展和村庄公共权力有效运作的瓶颈。因此,壮大集体,谋求集体资产的保值、增值,逐渐成为安吉县的发展要求,成了村庄治理的重要任务。

安吉县汤翔书记曾多次下乡调查,看到了部分村庄集体经济薄弱的状况。正是这些现实情况的存在,很大程度上促成了后来安吉县进行全国首发的、全覆盖式的"美丽乡村建设"。其中,美丽乡村建设的重要特征是"家家创业",目标是壮大集体经济和农户个体经济。随着美丽乡村建设取得较大成效,安吉县在村庄建设方面取得较大进展,并且在全国叫响了"美丽"的品牌。这个时候,将品牌产品转化为集体资产就成为顺理成章的事。

(二)经营非农产业成为村庄公共权力运作的中心

发展集体经济,壮大村庄财政,是村民的期待。实现集体资产的增值,是经营村庄的工作目标。那么,村庄可以通过何种途径发展集体经济呢?这必须回到安吉县的实际情况中去寻找答案。

安吉县虽地处杭嘉湖地区,但是山区县,并非富庶之地,必须依托和放大后发优势,补硬短腿软肋,实行错位式、差异化发展。基于这种理念,安吉县大力挖掘农业和农产品加工业的潜力,集中精力打造中国名牌农产品和优势农产品,让越来越多的农民增收致富,同时耐心寻找跨越式发展之路,利用生态环境优美的优势,大力发展休闲农业和乡村旅游业。通过经营村庄,建设"大都市后花园",打造休闲度假天堂。建设"中国美丽乡村"就是基于对安吉县生态特色优势的深刻认识、对新型工业化、新型城市化和新农村建设互促共建规律的把握、对安吉县的优势、劣势的洞察而做出的决策。

安吉县在农业经营方面拥有毛竹和白茶两大支柱产业,同时,板栗、吊瓜作为补充,可谓是农业强县。竹产业中的1度(2年)毛竹户均增收8000~10000元,而白茶人均增收3000元左右。不过,两大产业目前都面临严峻考验。人口老龄化问题在安吉县非常严重,靠老人上山砍毛竹已经不现实了,雇工砍毛竹使劳动力成本大幅上涨。经营农业开始面临瓶颈。

正如绩乡王治乡长对官村的评价一样："确确实实官村在交通、区位、自然上有明显的限制。这里发展工业是不可能的,发展农业没有地,唯一的出路就是利用山林,提高生产效率。"

2012年暑假,官村书记在总结官村发展出路时指出："一是要继续加大劳动力转移的力度,这么多人挤在这个小地方,没什么前途;二是要进行村庄经营,拓展产业链条;三是要引进人才,没有人才是没法进行村庄经营的。"

在这次交谈中,李良的村庄发展思路其实已经很明确了,就是把村庄治理的主要精力放在非农经济的经营上。在调查过程中,笔者有意识地搜集了绩乡2011年绩乡各村新一届班子任期目标。除了绩村外,各村均有发展非农产业的计划和目标。

洛村:配合开发商做好申博、网易农业开发项目的建设工作,确保3年内项目初具规模,并引导群众围绕开发项目做好配套产业,扶持农家乐等服务业发展,休闲旅游产业链初步形成。

孝村:以中心村建设为基础,打造商贸服务业,为工业园区做好功能配套;以杨梅坞休闲度假项目开发为契机,修复孝子庙,打造以孝悌文化为主题的休闲旅游观光线。

官村:努力经营美丽村庄,真正发挥尚书文化展示馆和青少年教育基地的作用,带动地方经济,增加集体和村民的收入。创建省级森林公园。丰富开心农场内容,力争年游客达万人次。

观村:加快土地流转,做强基础设施建设,并包装项目对外招商,发展生态观光农业。积极探索经营美丽乡村,做好休闲产业发展,确保1～2个休闲娱乐项目推出,集聚人气,壮大集体经济及增加农民收入,并在全县打响品牌。

(三)乡村休闲旅游服务业成为村庄经营的着力点

村庄治理和发展的目标,以及实现目标的途径、方式确定后,村庄公共权力组织和村庄领袖面临的关键性课题,就是寻找村庄发展的切入点。具体地说,就是投资和开发集体非农经济的落脚点。

众所周知,非农经济的开发经营并不是凭空进行的,它需要一定的条件和机会。近年来,国家通过项目下乡给乡村带来了大量的发展资源,推动了农村的各项建设。新型业态——乡村休闲旅游应运而生。乡村休闲旅游是以乡村的自然与人文客体为休闲旅游吸引物,依托乡村的优美景观、自然环境、建筑及文化等资源,在传统乡村休闲游和农业体验游的基础上,拓展开发休闲、度假、娱乐、康体与会务等项目的新兴旅游方式。随着乡村旅游的蓬勃发展,我国乡村休闲旅游的表现形式多样,被称为新业态类型,主要可以归纳为农家休闲型、民俗风情传统文化型、村寨与古镇型、农业生产体验型、乡村休闲度假型、农业科普教育型、体验运动型、康乐型、乡村商务会所型。

2013年,安吉县旅游经济成功实现"双突破",全年接待人次首次突破千万人次,达到1044万人次,旅游总收入首次突破百亿元,达到102.3亿,乡村旅游业已成为强县富民的重要产业。安吉县乡村旅游业的发展只是全国的一个缩影。近年来,福建宁德、湖南湘潭、广西灵川等地乡村旅游事业都取得了很大的进展。

安吉县乡村旅游业的兴起与美丽乡村建设密不可分。经营村庄的一个重要手段就是发展村庄旅游业。对于像安吉县这样地处山区的县市,虽然不适合发展大工业以及高耗能、高排放、高污染型企业,但可大力发展生态产业、休闲产业。乡村旅游业成为一个重要的着力点。从这个角度看,经营村庄和经营性治理将会成为各地产业发展和基层治理的一个重要抓手和治理方式。

三、利益导控:乡村治理的主导原则

中国的改革开放首先是从农村开始的,农村的联产承包制确立了农民的土地使用权,从经济上解放了农民,也改变了农村的治理基础。20世纪80年代,形成了"乡政村治"的基本治理体制。乡镇为国家政权建制的"末梢"代表国家管理农村社会。村民自治组织行使自治权,自我组织、自我管理、自我服务村庄事务。村民自治制度已经施行三十多年,不仅改变了农民的心理和思维,强化了农民的权利意识和政治意识,而且也有力地改变了农村的政治生态和乡村治理。乡村治理主要体现在乡镇政权与农村社会,农村党组织和村民自治组织,经济力量与治理权力,农村精英诸种关系的博弈与演化中。在这诸种关系中,不排除有其他的考量,但利益的维护与争夺是基本的主线①。

取消农业税后,乡村基层组织之间制度性的利益关联机制被中断,以至于有学者用"悬浮型政权"或"乡村治理内卷化"形容这样的转变。合理的运用利益机制是解决治理问题的关键。利益分化,应当用新的利益机制进行整合。利益整合有理论依据,也有社会基础。两千多年前的史学家司马迁就发现了人类行为的基本动机——"天下熙熙,皆为利来;天下攘攘,皆为利往。"现代经济学家的"经济人"假设也验证了司马迁的经验性判断。马克思主义经典作家也不讳言人的利益趋向。"利益问题是一个关系到人的生存和发展的根本性问题,追求利益是人类一切社会活动的动因,人们奋斗所争取的一切同他们的利益有关。"②

利益整合拥有社会基础。随着社会主义市场经济的不断完善和发展,经济利益观念已经成为农民的主体意识。农民对市场经济的认可与推崇,源于在制度安排下,农民能够自由选择方式追逐经济利益。经济利益成为农村社会发展的主导因素,并越来越清晰地影响着农民的行为和选择。

(一)为民谋利,提升基层治理的合法性

合法性必须建立在一个共同认可的基础上,这种认可可以是神秘的或是世俗的力量。对合法性基础的认识最经典的是马克思·韦伯的概括,他将其分为传统型、法理型和克里斯玛型(个人魅力型)三种。韦伯认为以上类型都是理想类型,历史上的合法性形式都是这三种类型不同程度的混合。在当代国家中,合法性更加依赖于政治权利的有效性,这也是近代政治的基本特征之一。政府能否有效地对社会事务进行管理,经济能否持续发展,取决于政府的财政能力和政策能力。

20世纪80年代以来,中央政府陆续推行了以下放权力和利益为核心的农村改革。不过,我们也应清醒地认识到,20多年的农村改革在取得重大成功的同时,也带来了一系列新的三农问题,困扰着乡村治理。最为突出的问

---

① 赵光勇:《经济嵌入与乡村治理——来自浙江农村的思考》,《浙江学刊》,2014年代第3期。
② 马克思、恩格斯:《马克思恩格斯选集(第1卷)》,人民出版社,1972年,第82页。

题有三点：①在农村经济迅速发展过程中，村庄集体经济没有相应壮大，对村庄治理和农村建设以及村民群众的福利增长形成了严重制约；②在私营企业的竞争与发展中，遇到了土地、技术、市场等诸多因素的制约，对私营经济的进一步扩展和升级造成了障碍；③在一部分人先富起来的同时，另一部分人没有能够平等地享受农村改革的成果，处于相对贫困状态，增收无门。正是由于这些问题的存在，基层治理的合法性遇到了挑战。

从某种意义上说，村庄治理的合法性很大程度上依赖这些方面取得的成就。新时期村庄治理的合法性主要以治理绩效为基础。村庄公共权力组织及其领导人能不能得到村民群众的认同，最终主要看村庄经济发展，增加村民的收入；提供公共产品和公共服务，改善村民生活；保护村庄和村民的合法权益等与村民群众的利益密切相关的方面做出的成绩。

（二）利益共享，保障基层治理的持续性

作为基层社会行政的"末梢"，乡镇政权的建设和运行直接影响到党和政府的执政基础，乡镇干部的工作积极性也直接影响着党和政府在基层各项工作的落实。近年来，乡镇政权因其自利倾向日趋明显，与民争利的现象时有发生。因此，许多学者开始讨论乡镇政权的存废问题，也有一些学者主张直接撤掉乡镇一级。

不过，在浙江等地，大有"强镇扩权"的趋向。为改变传统乡镇行政管理体制下强镇发展面临的"责任大、权力小、功能弱"困境，浙江从2007年开始赋予省级中心镇部分县级经济社会管理权限。2010年年底，浙江选择了27个中心镇启动小城市培育试点，下放扩权事项191项、下放综合执法权455项；2014年4月，小城市培育新增16个试点镇。因此，乡镇政权的作用在浙江等地是被认可的。浙江等地由于工商业发展较为迅速，基层政权对农业税费的依赖性较小。同时，为了获得工商业税收，乡镇政权充分发挥自身优势，在招商引资、引导产业发展方面发挥了很大的作用。

在安吉县，城镇化水平较低，政府为了鼓励基层干部干事创业，出台了一系列鼓励政策，让乡镇政权参与到建设事业中来。在美丽乡村的创建过程中，基层干部冲在第一线，并出台了配套奖励政策，鼓励各个行政村加快创建的步伐。2013年，绩乡先后修订了《绩乡招商引资奖励办法》《绩乡加快工业经济发展的若干政策》《绩乡惠民殡葬政策实施办法》《绩乡加快现代农

业发展的若干政策》等。安吉县乡镇政府之所以积极参与建设,除了体制性的约束,更多是因为美丽乡村建设是绩乡产业转型的重要机遇。随着美丽乡村建设的深入开展,越来越多优质项目落户绩乡。如此前描述过的浙江省生态博物馆、大型影城等。

在笔者看来,合理的制度设计和制度安排,让乡镇政府积极地参与乡村建设,是完全可能的,重点在于确保各方利益的相对平衡,才能形成乡村治理的合力,这也是乡村治理得以持续有效发展的基础。

四、效益决策:公共决策的新准则

公共决策是村庄治理的核心内容之一。决策的好坏事关治理的质量。按照村民自治的要求,村民是村务决策的主体,重要村务须由村民会议或授权村民代表会议决定。然而,在现阶段村庄治理的实际运作中,村务决策权并非真正由村民群体所实际拥有。其实,在多数村庄,日常性村务决策主要由村主职干部或分管的职能干部决定。那么,村庄公共决策的制度文本究竟是怎样的?它在实践中又是如何演变的呢?

(一)制度文本形态的公共决策

在美丽乡村精品村的考核体系中,规范化、制度化村务管理是一项重要内容。2011年,官村制定了公共决策的民主制度。主要内容包括规定重大事项,须进行民主决策;规定重大决策的基本程序;"一事一议"制度;招投标制度四个部分。

首先,重大事项,须进行民主决策。需进行民主决策事项包括全村经济社会发展规划和年度工作计划;村集体资产经营方针、经营方式、产权变更和年度财务预决算方案及追加预算,以及单次2000元以上的非生产性开支;村集体经济项目的立项,以及公益事业、基础设施建设1万元以上的项目;涉及农村土地发包、整理、征用、拆迁及集体资产租赁等事项;涉及两个或两个以上村民小组成员切身利益的事项;村务管理中的其他重大事项。

其次,重大事项的民主决策应遵循以下程序。由村级组织集体商定或十分之一以上村民(社员)联名或五分之一以上村民(社员)代表联名提出的议案;在征求各方面意见的基础上,召开村"三委会"联席会议讨论审定或向村民(社员)代表会议提出建议;须依法、依章提交村民(社员)代表会议讨论的事项,原则上先在党员大会或党员议事会讨论后,提交村民(社员)代表会议讨论通过;会议决定的事项,村"三委会"要认真组织实施,抓好落实。

再次,"一事一议"制度。凡村内基础设施、公益事业建设,需村内群众筹资筹劳的事项,必须采取"一事一议"。由村委会主持召开村民代表会议,经村民代表同意签字后,形成书面决议,并报镇乡(街道)和上级有关部门批准后方可实施。

最后,招投标制度。村级2万元以上的房屋、公益设施建设、转让或一次性购置1万元以上的固定资产以及集体资产的承包、出租等事项,原则上须进行公开招投标,并邀请镇乡(街道)纪检等部门监督。

(二)实践形态的公共决策

在实践中,重大事项都是由村支部书记提议,村两委班子扩大会议商议通过,一般情况下不会提交村民代表大会表决。只有在村支部书记做年度工作报告或是换届选举,以及村两委班子觉得必要时才会召开村民代表大会。一般来说,有资格参加村两委班子扩大会议的都是类似于新发展党员那样的农民精英,普通农民很少有机会参与村庄重大事务的决策。在村支部书记和村主任看来,缩小决策圈是村庄事务能够迅速有效推行的重要保证,一旦公布于众,就会带来不必要的麻烦。同时,村民只要看到村两委班子成员,特别是书记和主任廉洁、公平、公正、不徇私心,村庄也正常发展,他们也就不会对此决策方式提出异议。

(三)效益决策:效率与理性的统一

在经营村庄背景下,公共决策类似于企业决策。企业决策一般由决策层指挥运作,民主化、制度化程度较低。从经营村庄的实践来看,经营性治理的关键在于权力资源高度集中于能人(如官村)。这些能人往往是村领导中的"第一把手",执掌着主要公共权力,敢说敢做,这对抓住难得的机遇极为重要。

效率决策不代表不讲原则,胡乱决策。效率决策是建立在对风险理性研判基础上的快速反应。经营村庄带来的最大变化,就是对公共决策提出了更高的要求。错误的决策会造成资金投入上的单项损失。规划师徐清说:"一次错误的决策将导致难以纠正的错误。"这句话并不是危言耸听。官村于2013年年底获得了国家3A级景区的资质,但这还只是个开始。"官村现在还经不起折腾,千万不能瞎指挥。"徐清在与绩乡党委书记的谈话中提到,"官村的景区只是刚刚发芽,还需要政府及各有关部门的支持与培育"。

经营村庄的目标是获取经济效益,所以决策的根本目的也即如此。因此,公共决策尤为重视成本与收益的盘算。官村经营村庄的初步成功源于精打细算。在一次与某市农办主任的对话中,李良谈论了村庄负债经营的观点:"在建设过程中出现亏损也是正常的,但必须控制在一定范围之内。我们有100万做200万的事,我敢做,但是要我做1000万的事,我就不敢了。"尽管李良很注意成本与收益的问题,但是有时候因为政治考量还是做出一些"不经济"的决策。徐清说:"官村最大的败笔就是尚书文化馆的建设。尚书文化馆破坏了官村原生态的气质,几个阁楼放在那里不伦不类。好在只盖一层。政府为了打造文化创意产业的政绩工程,肯定是鼓励支持盖楼,但是对景区的美感是负面作用的。公共决策的制定首先要考虑的是我投入的钱是不是能够收得回来,如果回不来,你还投他干吗呢。然后,应该以最小的投入换得最大的收益。这才是正确的决策应该做的事。"(访谈记录:XHQ,20131011)

总之,经营村庄的出现,让村庄公共权力更加注重公共决策的效益与效率,更加意识到一次错误的决策所带来的深远影响。除此之外,成本与收益的分析也为公共决策的合理化提供了可能性。上文提到政治因素的存在从一定程度上破坏了经营决策的效益原则,这一点应当引起重视。同时,政府的合理引导也是必要的。政府的存在就是要保障项目建设的公益性。毕竟经营村庄的目的是为民谋利,为农民提供更优的生产生活环境。需要改进的是,政府的干预应当建立在对项目的充分调查和评估,进行干预的目的是为了公益,而不是为了部门利益或个别领导干部的一己之私。

五、务实理性:村庄治理的策略选择

经营性治理实质是一种发展型治理。主政者的重要职责就是如何组织和领导村民群众进行村庄经济社会建设,取得良好的发展成效。然而,发展总是与捕捉机遇紧密联系的。官村成长的历程证明了这一点。

(一)捕捉机遇

2008年,对于官村的村支书李良来说,是一个特殊的年份。元旦刚过,安吉县委作出决定,全力塑造"中国美丽乡村"新品牌。2月,全县召开万人动员大会,李良在台下听得激动万分。他知道,这是一个机会,值得抓住。回到村里,李良立即召开党员和村民代表大会。"如果能成为精品村,县里将根据情况给予300万元的资金,到时候村子就能发展起来了"。大家的热情都被鼓动了。然而,让村民始料未及的是,因为村子地理位置偏僻,官村并未被县里列入第一批"美丽乡村"创建村。机会转瞬即逝。村委班子经过商议,再次向乡政府请求申报。在乡镇政府的帮助下,官村最终成为"美丽乡村"创建村。在后来的总结中,李良时常提及这一点。在他看来,官村后来成为美丽乡村建设的标兵,有两点重要经验,"一是扎实工作,做事做到让人无可挑剔;二是把握住了创建机遇,有一些村庄第一次没抓住,后来就步步落后了。"

(二)善于创新

1995年江泽民同志在全国科学技术大会上指出:"创新是一个民族进步的灵魂,是国家兴旺发达的不竭动力。如果自主创新能力上不去,一味靠技术引进,就永远难以摆脱技术落后的局面。一个没有创新能力的民族,难以屹立于世界先进民族之林。"创新精神对于当下中国农村问题的解决非常重要。一些农村干部受过去计划体制的影响,许多工作的开展和资源获取存在严重的"等、要、靠"倾向,缺乏开拓创新的精神。在市场经济背景下,村庄发展与市场密切联系在一起,不能生产市场上需要的产品,注定遭到市场的淘汰。

官村经营村庄取得的成就是建立在扎实工作和创新工作基础上的。官村书记李良,被官村旅游开发公司(原官村文化旅游公司)的员工称为"点子王"。每当村庄发展遭遇瓶颈时,他总是能想到应对之策。在经营村庄的初期,"村庄经营"是个新事物。最初,没有人知道如何经营村庄,缺资金、缺人才、缺产品、缺市场是当时的真实写照,而最根本的是缺办法、缺想法。

刚开始,官村靠种葵花吸引游客。不过,后来县域内其他乡村也开始种植。李良明白,花草类的景观比较容易被模仿,而最不容易被模仿的是文化。明白这个道理之后,他开始思考种"文化"。李良想到挖掘尚书文化,于是,他迅速邀请文化局的人来指导,邀请媒体来宣传。久而久之,官村的尚书文化被"营造"出来了。此后,关于尚书文化的系列文化产品逐渐被开发出来。没有创新工作,官村不会有今日的大好局面。创新是无止境的,每一个产品都有可能被复制、被厌倦,所以,创新不能停止。这是经营村庄给官村带来的新命题。

第六章 安吉县经营性治理模式的创新及价值

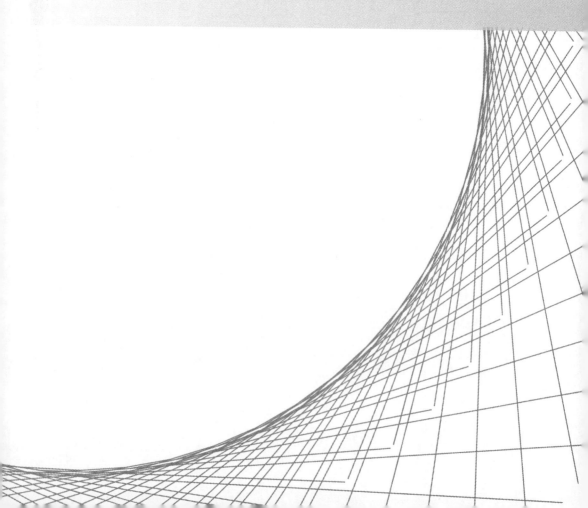

立足于前文的分析,本章将总结提炼出安吉县经营性治理模式的创新点,评估经营性治理模式的治理效能以及治理的价值意蕴。研究结果显示,安吉县经营性治理模式是一种将产业发展与地方治理紧密联系在一起的治理模式。建设、经营村庄壮大了产业,产业发展的同时夯实乡村财政,进一步推动了乡村建设和乡村治理。因而,经营性治理模式是一种"发展中有治理,治理中有发展"的发展型治理模式。

一、乡村治理中的联结问题与安吉创新

(一)乡村治理中的联结问题

20世纪80年代,中国政府逐渐展开了以权力下放为核心的地方政府赋权行动,在乡村社会实施"乡政村治"。虽然在形式上实行了乡村分治,但实际上,由于计划生育、计划生产、税费收取等政策的存在,基层组织与乡村社会依然存在紧密联结。取消农业税后,这一制度性联结机制被终结。同时,乡镇政府并没有转变为政府服务农村的行动主体,而且正在和农民脱离其旧有的联系,变成了从表面上看无关紧要、可有可无的一级政府组织①。不仅乡镇政府,农村基层组织也没有能够成为预期中的服务型组织,而成了悬浮的维持型组织②。由此一来,乡村社会出现了"失联"或治理"缺位"的问题。重新寻找乡村社会的关联机制,成为学界非常关注的问题,也有了一些初步的成果,如詹成付、刘义强、胡军对村户联结制进行了研究,认为村级产业或许是重获关联的支点③。

村户联结制显然看到了村庄内生秩序对乡村治理的重要性。但是,当前中国农村问题的特殊性与复杂性,显然不是在村社范围内能够解决的。

---

① 周飞舟:《从汲取型政权到"悬浮型"政权——税费改革对国家与农民关系之影响》,《社会学研究》,2006年第3期。
② 周飞舟:《从汲取型政权到"悬浮型"政权——税费改革对国家与农民关系之影响》,《社会学研究》,2006年第3期;赵晓峰:《重读税费改革:国家、集体和农民关系的视角》,载于《人文杂志》,2010年第3期。
③ 詹成付、刘义强、胡军:《重塑村庄治理基础的村户联结机制——以湖北省平原村村级产业发展为例》,《社会主义研究》,2013年第6期。

因而,要进一步考虑整合村庄以外的力量,包括城乡关系、乡村关系、村组关系等。相较之下,更吸引研究者的是对村级产业的分析。研究指出,村级产业群的形成起到了联结作用,使得闲置劳动力"有忙头",具体有两种机制:①以经济能人为纽带形成的"村—户—市场"整合;②以组为基础形成的"村—组—户"联动。

(二)经营村庄:来自安吉县的应对

1.经营村庄的探索历程与深层原因

安吉县的经营村庄思路源于生态旅游和农家乐的兴起,得益于安吉对生态立县战略的决策和坚持,成型于"中国美丽乡村"这一新农村建设特色实践的深化。美丽乡村经营,既顺应了绿色和休闲引领下的经济社会发展的新潮流,又见证了安吉县在探索区域发展特色道路上越走越远。安吉县走上经营村庄的道路,可以说经历了"十年坚持,一朝破茧"的过程。

20世纪90年代中期,安吉县山门打开,通过T抽水蓄能电站项目的开发,农家乐在溪村应运而生。溪村最早体会到"绿水青山也能变成金山银山"的道理,石村、深村等地也纷纷效仿,安吉县成为浙江农家乐的发源地。与此同时,发挥生态优势,扬长避短,实现跨越式发展已经成为安吉县委、县政府的重大决策课题。2001年,安吉县政府正式提出"生态立县"战略,对区域发展方向的转折做出了重大抉择。

大的方向虽已明确,实现的路径却还在摸索中。2006年,安吉县获得了首个国家级"生态县"的荣誉,但具体的经营之路尚不清晰。同时,安吉县与周边两个兄弟县的财政收入差距分别扩大到13.23亿元和8.25亿元。5年前,这一差距仅为1.33亿元和2.42亿元。县域经济竞争力的明显差距,是安吉人对发展路径抉择的考验。

面对这样的状况,汤翔当选安吉县委书记不久,在一次党代会上提出了"奋战五年,再造安吉"的目标,即在2007—2012年的5年间,实现全县地区生产总值超200亿元,财政收入25亿元,实现"全县经济实力翻番,再造一个经济规模更大,经济质量更高,经济竞争力更强的新安吉"。实现上述宏伟目标的路径就是要将全县建设成为"长三角特色制造业集聚区、新农村建设示范区、休闲经济先行区、山区新型城市化样板区和创业与人居优先地。"这实际上是一份"经营安吉"的计划书。

中国共产党第十七次全国代表大会第一次提出了建设生态文明的目标任务,这进一步巩固了安吉县新农村建设与生态文明建设的有机结合,使安吉成为全国生态文明与新农村建设互促共进示范区。2007年,浙江省副省长到安吉县宣讲十七大精神,在听取县委工作汇报和调研的基础上,特别关注安吉县的新农村建设,认为安吉县在长三角地区要寻找一条差异化的发展之路,立足安吉县县情,着力推进新农村建设在安吉县的特色实践。

2008年年初,安吉县委十二届三次会议通过了建设"中国美丽乡村"的决议,"中国美丽乡村"建设在全县推展,"中国美丽乡村"成为统领安吉县新农村建设的总抓手,并由此构建了规划、建设、管理、经营四位一体的"安吉模式",迅速成为一个响亮的品牌。

从生态文明建设的要求出发,"中国美丽乡村"计划把整个安吉县纳入长三角区域大环境中,以"大乡村"的姿态,从整个县城的自然生态环境出发,合理安排其功能,实现合理布局、优势互补、协调发展。首先,解决好与沪、杭等大城市及城市群落的互补关系。其次,立足安吉县城,在"小城乡"范围实现县城内城镇与村庄间的互补关系。通过"中国美丽乡村"建设这一载体,实现安吉县经济从经营山水、经营资源的低层次经济发展模式,向经营村镇、经营品牌的高层次经济发展模式跨越,最终实现全县人民共享现代文明这一目标。

由此,通过"中国美丽乡村"建设这一总载体,安吉县开启了经营村庄的全新时代,十余年对县域发展道路的探索终于由模糊到清晰,由彷徨到坚定,一条具有安吉特色的、以生态环境为支撑的跨越式发展道路终于水到渠成。

从美丽乡村的探索历程来看,经营村庄发展模式的产生有其深刻的经济根源,目的是寻找差异式发展的道路,使之成为县域经济的重要基础。

2. 经营村庄的联结作用

在战略、理念和政策的指引下,美丽乡村建设不是"花架子",而是干部群众通过科学的经营,推进农村资源与资本、产品与市场、环境与实力相对接,不断激发乡土生产力和农民创造力,实现品牌和资源价值的最大溢出。经营村庄也不是单纯地经营一个村庄,而是把县、乡、村、户都纳入进去,走的是"城市带动乡村,乡村包围城市,城乡互促"的经营之路。通过前文的分析可以看出,美丽乡村的建设最初是以行政村为单位,后来逐渐拓展到自然村,乃至最微观的家庭和个人。

从微观实践上,县、乡、村三级是经营村庄的核心力量。县、乡政府扮演了三重角色,一是政策制定者;二是资源提供者;三是项目监督员。政府主要是通过项目的设置和考核机制的设立,调动村干部和农民的积极性,参与美丽乡村建设和经营村庄。政府倡导美丽乡村建设和经营村庄从根本上讲是着眼于经济转型、产业发展和高质量的经济增长,因此动力十足。

行政村是美丽乡村建设的落脚点和着力点,是资源流的主要承接者。村委主要干部成为美丽乡村建设和经营村庄的一线领头羊,目标是壮大集体经济,是农民群体中最有积极性的群体。因为干部群体能够在集体经济发展与个人家庭经济发展中找到平衡点。

家庭是美丽乡村建设的微观单位,家庭美是村庄美的基础。因此,安吉县也设置了很多制度,调动家庭参与的积极性。

整体而言,经营村庄使各种要素、各种资源都集中到一起。从要素层面看,包括人、地、财、路、治等;从资源层面看,生态资源、经济资源、政治资源、社会资源、文化资源等都凝结到村庄经营当中。这些资源既是经营的资源,又是经营的对象。

二、安吉县经营性治理模式的效能

(一)村集体经济明显增强

从美丽乡村建设的制度设计来看,安吉县奖补项目是以行政村为单位的。随着美丽乡村建设深入开展,大量的资源都流入行政村。初步看来,在经营村庄的背景下,我们有理由相信集体经济能够迅速发展。根据研究者的考察,集体经济的发展主要有两条显性路径和一条隐性路径。显性路径主要是转移性收入和经营性收入;隐性路径主要是增值性收入。

1. 转移性收入

转移性收入是指来自政府的投入。官村为什么能获得各级政府、相关部门源源不断的项目支持与资金扶持,表 6-1 呈现了 4 位"知情人"的不同理解。

表 6-1　官村获得项目支持的原因分析

受访者	受访者意见陈述
官村书记李良	做事情要落实,想问题要超前。从 2004 年创建县级文明村开始,我们就立足做好每一项工作。这些工作为后来美丽乡村的创建工作打下了坚实的基础。2008 年,我们官村最初并没有被列入美丽乡村创建村。我们当时没有放弃,给乡里打报告,要求将我们纳入创建名单。后来,我们争取并把握住了这个机会。完成创建村后,我们没有停止工作,此后陆续开展美丽乡村精品村、精品示范村、国家 3A 级景区的创建工作。当我们作出的成绩越突出,项目支持就越多。
文化公司经理郑琳	这些项目的获得与李良书记有关。他有很强的毅力,认定一件事情,就不遗余力地去做,有时一个项目得往县里跑几次,但他总是能够坚持下来。他能将自己所学到的知识发挥到极致,这是他最大的一个特点。
绩乡原副乡长潘敏	我曾负责联系官村,所以对官村的情况还比较了解。我认为项目能否获得与村班子团结与否、村主干能力的大小有很大的关系。官村从一开始的默默无闻,到今天一鸣惊人,与李良书记的个人能力分不开。
官村规划师徐清	李良是个很能"忽悠"人的人,别看他文化程度不高,但是口才很好。我认为在官村要再找一个能力与之相当的人是很困难了。除工业项目很难引进外,其他各个部门的项目基本都被他拿到了。他长着一副农民模样,但是装着一颗商业头脑。

从表 6-1 分析不难看出,项目的获取与主政者运作项目的能力密不可分。根据研究者的统计,从 2004 年到 2013 年,官村在李良的带领下至少通过了 61 次考核,获得了多项荣誉。每一项荣誉的背后都是村委班子以及李良的辛勤付出。当然,他们的付出得到了回报,截止到 2013 年年底,官村一共获得了 3070 万元项目补助资金,仅 2013 年就获得了 1500 万元资助。显然,经营村庄的成效与获取转移性收入的多少密切相关,政府在经营村庄当中起到很好的推动作用。获得项目的多寡以及获取方式主要体现在主政者的公关能力和竞争力上。

2. 经营性收入

经营性收入是指依靠集体资产经营所得。尽管安吉县政府在进行美丽乡村建设时,声称投入是公共行为和以民生为目的,并未期望能够收回成本。不过,从官村目前的盈利情况来看,还是比较乐观的(见表6-2)。

家庭承包经营的改革使得村集体资产严重缩水。官村是安吉县最后一个实行这项改革的村庄,但也是改革得比较彻底的一个村庄。"能分的基本上都分了,能卖的都卖了"。所剩的资源主要是前文提及过的状元山(以公益林的形成保留下来)和200多亩"荒地"(租给农户种白茶)。此外,集体资产还包括村委办公楼、会堂以及会堂旁边的六个门店。

官村通过公司化运作,已经形成了一些稳定的经营收入源。例如,在规划师徐清的帮助下,农户在原来的葵花园中修建了一个200米长的长亭,长亭里修建了15个灶台,供游客自助烧饭、做菜。每个灶台的出租金额是400元/个。2013年下半年以来,生意非常火爆,尤其是周末。自助灶台出租已经成为创收的大项。经营性收入源还包括门票收入(除了2012年由于在旅游旺季时受到修路的影响有一些损失)和礼文化收入。

表6-2 2010—2014年官村经营性收入　　　　（单位:万元）

	2010年	2011年	2012年	2013年	2014年(上半年)
休闲服务中心场租	—	1.26	3.63	8.43	5.62
门票收入	8.50	12.91	7.62	14.80	7.98
自助灶台出租	—	—	—	42.27	68.90
礼文化	1.12	1.83	2.81	3.64	12.33
摸鱼池			1.25	2.85	5.69
礼品	0.20	0.63	1.38	5.66	3.42

(资料来源:依照官村财务公开资料整理而成)

3. 增值性收入

增值性收入是除了转移性收入和经营性收入之外的另一种收入,它是集体经济发展的一种隐性路径。据规划师徐清估计,目前官村的市值已经达到4亿元。这种市值的变化取决于公司的经营能力和市场上同质性竞争。

前两种收入是显性的,后者则是隐性而巨大的。在一定条件下,这种隐性收入可以转变为显性收入,比如与其他公司合作,吸引其他公司注资。

孝村和洛村由于经营方式不同,经营性收入的来源不一样。2011年,孝村集体经济收入是780万元,远远高于洛村的101万元和官村的211万元。孝村因保留了较多集体土地和房产,仅靠门店、厂房出租就能获得非常可观的收入。目前,正在建设当中的"职工之家"尚未获得经营收入。洛村的集体经济收入主要来自发包收入,如2013年发包收入为13.31万元(分别是白杨坞毛竹收入10万元,鱼塘1100元,园区3.2万元);租赁收入为13.43万元;借款利息收入为34万元。不过,洛村的发包收入与租赁收入显然不能与孝村同日而语。

(二)产业发展与农民增收

传统乡村社会结构的重要特征是村庄内部不存在复杂的劳动分工,乡村社会成员以从事农业为主,相互之间具有同质性。就这一点来说,我们所调查的绩乡的三个村庄与传统的乡村社会有所不同,大部分村民由主要从事农业转为从事第二产业与第三产业(见表6-3)。不过,由于绩乡的白茶、毛竹两大产业为农户提供了稳定的收入,并且属于季节性的劳动,尚有三分之一的人坚守在农村,这部分人中大多数有兼业的机会。

表6-3 2012年安吉县、绩乡农村劳动从业情况 (单位:人)

乡镇	劳动力资源总数	农村从业人员	实有劳动力中		
			第一产业	第二产业	第三产业
安吉县	263632	241230	52622	127834	60774
绩乡	6045	5296	2091	2904	301

(数据来源:2012年安吉县统计年鉴)

1.经营村庄提供了更多的就业或兼业机会

究竟经营村庄能否带动就业?就这个问题,笔者访问了官村、孝村、洛村的8位村民。根据受访者的回答,将他们的意向和意见陈述进行了整理,具体内容见表6-4、表6-5。

表 6-4 经营村庄增加就业机会的受访者意向

受访者	DLL	WSA	RTN	LDY	NDP	SGT	DLS	HYT
认为就业机会增加	同意	同意	略同意	同意	同意	同意	同意	同意

表 6-5 经营村庄对就业机会的影响

受访者	受访者意见陈述
DLL	虽然投资乡村旅游不一定能回本,但是有些在外游荡的无业者,现在回来掌厨,就做得有声有色。解决一些归乡年轻人的就业问题,也能解决社会问题,像我表弟原本在外面游手好闲,他们家经营农家乐以后,他回家掌厨,现在也做出很多心得,很有成就感。
WSA	农家乐、家庭旅馆提供了餐饮和清扫的工作,像是厨房的工作,客房清洁的工作,还有路口卖早餐的摊贩都算就业机会。白茶、笋干不一定要卖给中间商,可以零星卖给游客增加收入。
LDY	就业机会有所增加。官村的竹艺是传统技艺,村民本身对编织很有兴趣,而且在做的时候可以赚点钱,何乐而不为。
NDP	像书记家的农家乐,书记负责客源,书记夫人负责打点,村里几个妇女帮忙洗菜、做饭、铺收桌椅板凳、打扫卫生、洗碗等,其中两位是外嫁出去的,现在回笼(娘家)了。另外,原本单纯的农村妇女可是看到了商机,所以会到马路旁摆摊卖小吃。
SGT	以前全村几乎全是茶农,现在职业上变的更多元。
DLS	还未有游客前,我只能算是一个家庭主妇。现在我就可以去摆摊,村里在节日也会请我去状元阁上卖水、卖香火之类的。
HYT	现在不用干活,坐在家里收房租就够过日子的了。要是想多挣点可以去附近的企业上班。

从笔者的观察来看,官村通过经营村庄创造了新的就业机会,这些就业机会可分为两种,一种是固定的就业机会;另一种是流动的就业机会。在官村文化旅游公司中,有七名固定工作者,她们的工作是"朝九晚五式"的。除了经理郑琳和年轻导游陈华外,其他五人都没有明确的分工,属于全能战士,村书记李良要求她们必须会当导游、会发微博、会营销、会整理资料、会

策划活动等。除此之外,她们还要扮演景区纪念品的售货员角色。固定工作者全部都是"女将",工资按月计算,年底一次性发放全年工资和奖金。

除了固定工作者外,还有十几人的流动岗,他们主要承担起公司外的一些事务,需要晒太阳,工作比较繁杂,具有不确定性,如刨地、施肥、种葵花、搬盆景等,哪儿有需要,哪儿就有他们的身影。流动工作者一般是男丁,如遇到赶工期和大型接待的任务,也会召集一些村民妇女来补充。他们的工作安排一般是由非公司人员的村主任分派。流动岗的工资按天计算,也是年底统一结算。

在孝村,政府主导经营,使得大量资源涌入孝村,大批企业的进村和高校的进驻,给孝村人带来了前所未有的就业和创业机会。20世纪90年代以来,绩乡是一个工业占主导的乡镇,第三产业发展比较滞后,未能形成较大的集市,村民的大宗日用品的采购都要到邻镇进行。2007年以来,由于工业企业的增加,新增2000多名外来务工人员和管理人员,孝村消费市场逐渐形成,商铺逐渐增多,不少村民利用自己的房子,开起了出租屋、餐馆、理发店、超市、KTV、体育彩票店、按摩店等。在孝村广场上还兴起了夜市,有村民把自家的电视机、卡拉ok播放器、音响和话筒组合起来变成了简易式的点歌机,唱一首歌才收取一块钱,这迎合了部分群体的低消费需求。广场边有小商贩在昏黄的路灯下摆起了路边摊。

在众多创业机会中,出租屋挣钱又省事。孝村村主任曾荣说:"在我们这里,只要你房子的面积够大,你就可以吃喝不愁。只要路好,车子进出方便,每个村子都有老板进去办厂,(他们)大多是为了节约成本,偏远一点,管理费之类的费用也少一点。我们这里租金价格不高,一整层租出去的多,三间房,100多平方米,一年2万元。街上的,很多公司白领住在那里,一年4万元。店面房还要贵些,25平方米,一年7000~8000元,还是在弄堂里面的老房子。说来说去啊,我们赚的也就是外地人的钱,租屋办厂的、租店做生意的、租房睡觉的,他们一年忙到头,能带走的(钱)还是少,吃啊喝啊玩啊,都在我们这里花掉了。不好的地方就是我们一些农民富起来后,精神就空虚了,黄、赌、毒就出现了,前一段时间还发生一起因赌博欠高利贷而跳楼的事儿。"(访谈记录:HXY,20130805)

形形色色的人进入孝村,秩序变得难以维持,这就导致必须强化安保力量。绩乡副乡长戚成说,"人多了,鸡鸣狗盗的事就都来了,再加上孝村原本就是一个'穷山恶水出刁民'的地方,我们的安保压力猛然增大了,明年学校开学后,安保压力就更大,我们计划扩招城管队伍。"(访谈记录:QJC,20130807)

2014年的安吉县城管绩乡分局共计划招聘30名协管员,招聘对象是具有安吉县常住户口、持有安吉县暂住证或在安吉县工作满两年及以上的人员,2014年安吉籍应届毕业生不受户籍限制。这为本地就业创造了条件。

2. 经营村庄创造了返乡创业的机会

20世纪90年代开始,"走出乡村"是中国人口流动的基本趋势。但是由于经营村庄,官村出现返乡创业的回流趋势。26岁的陈桦(女)以前是做导游的,2010年的一天,书记给她打了个电话,希望她能返乡为村庄做事。陈桦没有经过大的思想斗争当即就答应了,如今不仅是文化旅游公司的首席导游,更是村里的后备干部。39岁的村主干周文以前在本县的4A级景区开旅游车,也被书记请回村。不过周文性格比较内向、寡言少语,不太适合待在公司里,书记后来让他进了村委会,分管综治、安全生产等工作。最后一位是35岁的徐腾,来自南坞自然村,之前在县城打工,刚进入公司,还处于学习阶段。

孝村中人才回流的趋势更加明显。官村年轻人要么在外地读书、要么在城市工作,很难遇到。孝村的情况恰恰相反,孝村广场上有8个篮球场,一到傍晚就爆满,围观者也很多。这里的年轻人中很多都是返乡创业的人。孝村广场旁边的超市老板说:"我们一家三口终于聚到一起了,我儿子读书不行,前几年老在外面漂着,现在好了,我们村发展了,随便进一个厂也能拿到三四千一个月,而且工厂对本地年轻人也格外器重。我希望他先在工厂里历练一下,以后有机会再考虑做别的事。"(访谈记录:LRQ,20130806)

一方面,受访者指出乡村旅游提供了工作机会,解决了部分就业问题,乡村旅游的发展以及农家乐人手的需求,造就年轻一辈返乡发展的机会。另一方面,乡村旅游发展能够让游客进入当地,居民可发掘自己感兴趣的工作(例如手工艺品的制作),既可以有固定的收入来源,也可以让兴趣延续。

3. 农民收入不断提高

与过去相比,乡村旅游的发展是否带来了收入的增加?表6-6展现了村民对旅游发展促进收入增加的深入看法。

表6-6 乡村旅游的发展对村民收入的影响

受访者	受访者意见陈述
DLL	游客的衣、食、住、行都是可以创造收入的来源,譬如白茶、竹笋干、竹筒饭等比较好卖。但是没有参与乡村旅游发展的就不一定会增加。
WSA	与过去相比,收入是有增加。说是开源比较准确,因为以前建筑业好的时候,我们卖卖竹子就能挣钱。现在不行了,必须变化,适应乡村旅游的发展。
RTN	普通村民受益的不多,但是围在书记身边的那些人还是受益不少。
LDY	我自己是基本没有收入增加,但是的确有人因为乡村旅游的发展而增加收入。我们这边竹子的分布面积很大,要怎么将其推广出去大家都很关心。如果可以顺利转型,跟休闲有关系,其实不会比白茶差。
NDP	普通村民可以增加收入,前提是村集体是否公正,是否时刻想着村民。
SGT	乡村旅游能够带村民致富,这是一个朝阳产业,是对大家只有好处,没有什么坏处的产业。但是旅游业的发展会有一个过程。

通过笔者的观察,以上观点还是具有代表性的。就官村而言,在经营村庄背景下,乡村旅游从无到有地发展起来了。随着国家3A级景区的获批,官村旅游不再受季节限制,游客每周至少有1800人次。尤其是官村现在的游客不再局限于政府的党政考察团,而是以散客居多。散客的到来为普通农户增加收入创造了条件,比如农家乐、家庭旅馆等。

不过正如LDY所讲,在收入的获取方面,的确是按照权力的大小进行分配。规划师徐清向笔者透露,"现在的李良书记可谓是风光无限啊,他现在一天要开四、五趟会,有时候去县里、有时候去市里甚至省里,分享官村经营村庄的经验。现在党政考察团来吸收经验是要收费的,每个人收40元,相当于课时费。而李良作报告大约能收取500元的讲课费。另外,他家的农庄不得了,游客2/5的花销都花在了他家的吃饭和住宿上。这可是一笔很大的收入。"(访谈记录:XHQ,20131011)

前文曾经提到官村旅游公司的员工是直接受益者，每人年收入不低于2万元。但是对于远离公共权力的大部分普通村民而言，必须适应旅游发展的形势，将自己的技艺和资源优势发挥出来才能获得收入。

高村的情况与官村大体相同，大量的干部家属"占据"着挣钱职位。如书记的夫人在景区的纪念品区上班；书记在湖边盖了一栋别墅，其儿子在外闯荡几年未获成功，主动返村创业，利用别墅的特殊位置，经营起"休闲吧"。

总体而言，经营村庄成效显著的高村与官村在一定程度上带动了乡村就业，由此促进了村民的增收。不过，增收是梯度式的。干部家属及亲戚是主要受益群体，一些善于捕捉商机的村民通过提供景区的各类服务也能获得一定程度的增收。

（三）治村主体多元化

由于经营村庄肩负着区域经济增长的使命，基层政府和干部都通过考核制度参与乡村治理。除此之外，大量的外部资源流入乡村。

（1）政府与动员。

由于美丽乡村建设涉及基层组织和基层社会的每一个单元。因此，需要将每一个单元的积极性都调动起来，为此必须进行有效动员。在前文中，我们分析了安吉县美丽乡村建设中的动员的几个特点，即高位推动、示范带动和多样动员。各机关部门制定了联村结对计划，并全面落实工作计划，积极落实建设项目，千方百计创新服务机制，完善指导支持政策，为经营村庄扫清了机制障碍，带来了项目资源，提供了强有力的监督。

（2）企业与经营。

企业的专业化运作为经营村庄提供了明确的目标、具体的规划设计和行动方案。官村和高村都是在企业的帮助或具体运作之下才顺利建成景区。除此之外，企业的参与，使村庄获得经营思维，改变村庄固有的一些习惯，如提升办事效率等。

（3）农民与参与。

农民的参与最初属于被动参与。当美丽乡村建设进入升级阶段，美丽家庭就会得到更多的关注。经营村庄的升级也要求获得家庭的支持。不同的家庭以不同的形式参与治理。

(4)精英与主导。

经营村庄与建设乡村不同的是,经营村庄需要更强的市场意识和干事创业的狠劲。在这个方面,乡村经济精英有天然的优势。政府和村级组织也有意识地让有能力的人(包括年轻大学生)参与村庄的经营事业。洛村在经过新一轮的村委会选举之后,年轻一代开始崭露头角,成为经营村庄的主导力量。在那些能人主政的村庄,经营村庄总是会快一个节拍,较早地发展起来。

安吉县在经营性治理实践方面最大的创新在于使乡村社会的各个利益主体都参与治理当中,形成治理主体间的有机关联。这种关联机制不是强制与服从,而是基于利益与认同。

(四)加快新农村建设步伐

美丽乡村建设是新农村建设的实现形式。随着美丽乡村建设的深入进行,产生品牌效应和效益进一步推动新农村的建设。截止到2014年底,安吉县累计建成"中国美丽乡村"179个,其中164个精品村、12个重点村和3个特色村,全县美丽乡村创建覆盖率达95.7%。

三、安吉县经营性治理模式的价值

经营性治理模式是一种将产业发展与地方治理紧密结合在一起的治理模式,通过经营村庄带动产业发展的同时,又实现乡村治理。发展中治理,治理中发展,互相促进。

(一)经营性治理:一种发展型治理模式

宏观上,"治理的理想可分为两种:一是维持现状,一是求取发展。"[①] 因此,治理可分为维持型治理和发展型治理。在基层发展实践中,经济发展不一定就能带来地方善治,"有发展,无治理"的情况并不鲜见。在安吉县的实

[①] 张厚安、徐勇、项继权等:《中国农村村级治理——22个村的调查与比较》,华中师范大学出版社,2000年版,第52页。

践中,两者是完美统一的。

1. 经营村庄:增强村庄集体能力的现实路径

在村民自治的体制环境下,面对村庄经济的"去集体化",村庄公共权力组织面临着如何摆脱村庄公共财政的困境,为自身的运作奠定坚实的经济基础的课题。这一课题随着农业税的取消而变得更加紧迫。

官村、洛村和高村都把经营村庄作为增强村庄集体能力的现实路径。从法理上讲,村庄早已确立了经济实体的地位,在安吉县农村还相应地建立了集体经济合作组织——村集体经济合作社(或联社)。但毋庸置疑,20世纪80年代以来,在村庄经济"去集体化"的倾向下,农村经济双层经营中的家庭经营层面日益加强。反之,集体经营层面不断虚化。村庄作为经济实体的组织功能日趋削弱。尽管党和政府也一再强调要壮大集体经济,但在集体经济资源几乎已经全部均分、承包或租赁给村民个人经营的背景下,发展集体经济只能成为难以兑现的口号经济。发展村庄集体经济处在只听雷声、不见雨点的政策环境中,陷入了重要而不重视的泥潭。

城乡一体化战略被提出后,许多县市都致力于城乡统筹发展、一体化发展。安吉县通过基础设施建设向农村延伸、公共服务向农村覆盖、现代文明向农村辐射,实现城乡规划、产业布局、基础设施、公共服务、劳动就业、社会管理"六个城乡一体化",让城乡居民共享现代文明。在这种背景下,安吉县所有村庄都面临着千载难逢的发展机会。

随着美丽乡村建设的深入进行和政府发出经营村庄的动员令后,安吉县广大基层干部立即把经营村庄作为村治治理的重要内容,并全身心地投入。谋钱、挣钱、用钱、管钱等成为关注的焦点。要想财源进村,必须做出政府欣赏的业绩和迎合市场的产品。

村庄公共权力组织经营村庄,旨在增强村庄集体能力。第一,壮大村庄集体经济能力。通过经营村庄,实现集体经济的增值,提高村庄集体经济实力,把村庄发展成为集体经济强村,改变民富村弱的不和谐状况。第二,提高村集体的公共福利。通过经营村庄,使村集体具有一定规模的稳定收益,从而奠定坚实的集体经济基础,保证稳定的公共财政来源。在此基础上,村庄公共权力组织就可以为村民群众提供长期、稳定的公共福利,基本保证村民生活无后顾之忧。第三,增强村庄公共权力组织的公共职能。通过经营村庄,保证村庄公共财政的来源,使村庄公共权力组织有钱办事。在强有力的公共财政支持下,有效地履行法律赋予的各种公共职能,向村民提供需要的公共服务和公共产品,从而提升村庄治理的绩效。

2.发展与治理内在一致性:安吉经验的创新意义

经营性治理是一种发展型治理模式,说到底是运用壮大经济的办法解决治理的问题。在这个命题上,过去有很多的讨论。从学术渊源上讲,对乡村治理经济基础的讨论应当追溯到生产力与生产关系、经济基础与上层建筑的讨论。在这一点上,马克思主义经典著作已经作出了精辟解释,即经济基础决定上层建筑,生产力决定生产关系。其他学者也作出过类似的判断。

20世纪50年代,李普塞特(Lipset)发表的《民主的一些先决性社会条件:经济发展和政治合法性》[1]一文提出了民主与社会经济发展有关的观点——经济现代化是支撑民主的必要条件,并开启了民主化研究的现代化理论。他将欧洲和西方英语国家与拉丁美洲的民主与专制国家进行定量比较分析后发现,经济社会发展和民主之间存在正相关关系,即社会经济越发达的国家,就越有可能建立持久的民主。此外,中产阶级规模的扩大对于巩固民主意义重大。波伦(Bollen)则通过定量分析得出结论,民主化的早晚对于民主程度没有显著影响,一个国家的经济发展水平及市场化程度依然是显著影响民主程度的因素[2]。

国内外也有不少学者从经济的角度探讨了中国的乡村治理问题。按照邓大才教授的梳理,从经济角度研究中国乡村治理的观点可分为三种类型,分别是经济决定论、经济相关论、经济无关论[3]。

(1)经济决定论。如裴宜理通过对华北的叛乱者与革命者的研究发现,自然环境的有规律变动,与以此为基础而形塑的长时段的人地互动关系,无疑是建构地方社会的基础。淮北地区人均资源少,水资源缺乏,因此,这些

---

[1] Lipset, Seymour, "Some social requisites of democracy: Economic development and political legitimacy", American Political Science Review, 1959, 53, pp. 245-259.

[2] Bollen. Kenneth, "Political Democracy and the Timing of Development", American Sociological Review, 1979, Vol. 44, No. 4: pp. 572-587.

[3] 邓大才:《小农政治:社会化小农与乡村治理——小农社会化对乡村治理的冲击与治理转型》,中国社会科学出版社,2013年版,第19页。

地方的村庄形成了两种生存策略:第一种生存策略可以称为掠夺性策略;第二种生存策略是针对第一种策略产生的防御性策略,即努力保护自己的财产。

(2)经济相关论。如项继权通过三个村庄集体经济发展状况讨论乡村治理的议题,认为乡村治理的每次变化都与农村基本经济制度,特别是农村产权制度、农业经营方式紧密相关,产权制度与经营制度的变化必然会对村庄治理的功能、结构、过程、效率产生影响[①];胡荣也通过实证分析得出,经济发展水平与村委会选举呈现正相关,经济发展的相对水平对村民的政治参与来说至关重要,即生活水平较高的村民,其参与程度也较高[②]。与上述结论相反的是经济负相关论。戴慕珍(Oi)发现,经济发展水平与村民自治的实施具有一种反比的关系[③]。此外,还有一种曲线相关论。史天健认为,在中国农村,经济发展水平与政治变化确实存在某些联系,但这种联系是呈曲线形的,而非直线形。他进一步指出,经济发展的确影响了政治精英对政治的态度,同时增加了农民参与政治的热情与兴趣。但是,快速的经济发展也会反过来巩固某些地区官员的权力,加剧村民自治的难度。

(3)经济无关论。如张静对基层政权建设进行反思后认为,"对于乡村社会日益发生的冲突现象,经济式处理很难提供特别帮助,相反,它容易使人将乡村的'秩序稳定'障碍归结为经济发展水平,即穷所致"。她还认为,不是经济基础,而是社会基础导致了冲突[④]。

综上所述,经济发展与乡村治理间是一对非常复杂的关系,学界并未形成一致的意见。

赵树凯研究发现,在过去很长一段时间,基层治理与发展形成一种"强发展、弱治理"的状况。在整个20世纪90年代,农村经济保持了较快发展,但是,农民税费负担引起的社会冲突迅速增加,如地方政府强制农民集资修路、建学校、发干部工资等生出各种抵抗,冲突规模不断扩大,冲突程度不断

---

① 项继权:《集体经济背景下的乡村治理:河南南街、山东向高和甘肃方家泉村村治实证研究》,华中师范大学出版社,2002年版。

② 胡荣:《经济发展与竞争性的村委会选举》,《社会》,2005年第3期。

③ Oi, Jean, 1996. "Economic Development, Stability and Democracy Village Self-governance", China Review, pp. 126-144.

④ 张静:《基层政权:乡村制度诸问题》,浙江人民出版社,2000年版,第2页。

激化。可见,经济发展和收入增加并没有解决农民负担问题引发的乡村冲突,治理危机仍在加深。

发展与治理的一致性成长是安吉经营性治理模式的特点。安吉有3/4的人口是农民,92%的土地属于农村。基层政府对农村工作非常关注。虽然安吉县基层政府与全国大部分政府一样有很繁重的发展事务,但也十分关注治理事务,形成了许多有效的治理机制。发展与治理的一致性,可以从制度设计和政策实践来分析。

首先,从美丽乡村的制度设计层面上看,经营性治理要求治理与发展同步。在美丽乡村建设的规划设计当中,一共有四大工程及其考核指标,分别是环境提升工程及其考核指标、产业提升工程及其考核指标、素质提升工程及其考核指标和服务提升工程及其考核指标。产业提升工程及其考核指标只占美丽乡村建设规划的1/4。大部分指标都是治理性指标。

其次,从实施效果来看,到2008年底,安吉县的治理工作取得明显进展。

①基础设施建设:共整治河道、沟渠96.62公里,建河流拦水坝设施169处,除险加固、整治病险山塘65个,防洪埂砌筑19398米,沿路护埂砌筑26632米,修补村级各类道路228.77公里,硬化68万平方米,新增和完善农村生活污水处理3547处,受益农户11603户。

②环境美化:共实施农村危房改造170户,房屋整修4236户,立面粉刷681031平方米,实施庭院改造14935户,庭院植树122109株,庭院绿化126012平方米,庭院增设盆景14447盆,安装太阳能热水器8138个,拆除各类违章建筑511处,占地面积41495平方米,改造围墙88810米,村庄道路两旁及中心村植树93.9万株,绿化31.14万平方米,安装路灯2096盏,新增广告宣传牌996块。

③公建设施完善:共有24个村新建了村办公综合楼,建筑面积19569平方米,新建村级其他各类公共配套设施,建筑面积98078平方米,实施农村饮用水工程建设83处,新增垃圾中转设施104处,新增垃圾箱1858只,新建公厕62所。

为了在发展与治理中达到平衡,安吉县强调政府与农民之间形成有效的沟通机制,并为此建立了一系列的工作机制。健全民情收集制度,畅通五条渠道,全方位收集民情民意。一是设立民情信箱;二是开通民情热线;三是聘请民情信息员;四是召开民情恳谈会;五是开展民情调研。

安吉县部分乡镇还实行了值夜制度。由主要领导带班,副乡长、办公室主任轮流值班,确保村民群众有意见能及时反映。此外,还建立了网络发言人的回应制度和综合调解制度。

当经营村庄取得了经济效益以后,乡村治理就有了经济基础,基础设施、公共服务等的提升有了动力基础。

(二)经营性治理:一种可行的地方治理路径

安吉县经营性治理的出现源于市场经济背景下社会主义新农村建设的不断演变和发展。经营性治理的出现有其内在的发展规律,它是国家整合城乡发展的结果,是市场经济发展到一定程度的产物,是新时期农民群众改善生产、生活条件的期待。

近代以来,中国社会被迫纳入全球发展体系而发生急速的转型,即从农业社会迈向工业社会。新中国成立初期,我国还是一个以农业、农村人口为主的农民国家。工业化初始阶段面临的最重要问题就是资金的原始积累。中国选择了"农村哺育城市"的方式解决资金的原始积累问题。由此一来,中国的城乡发生了激烈的分化——城市发展日新月异,而农村的"三农问题"日益严峻。

进入 21 世纪以来,为解决日益突出的"三农问题",中央提出了科学发展观,并在这一理念的指导下,实施统筹城乡发展的战略,而具体的抓手就是社会主义新农村建设。随着社会主义新农村建设的深入进行,各类资源开始逆向流入农村,乡村有了被激活的基础。

资源下乡并不一定意味着农村的发展,还需要积极地运用市场经济的杠杆,重新组合各类资源要素,产生叠加效应。中国城市,特别是沿海发达地区的城市,通过 40 多年的改革开放,迅速发展起来,在中国大地上形成了一道"发达"的风景线。相比之下,农村的"欠发达"也是一道另类的风景线。

在市场经济和城市经济发展的背景下,乡村以其旖旎的田园风光、浓郁的乡土文化气息、新鲜的蔬菜瓜果和原汁原味的乡村生活而受到都市居民的青睐。同时,由于社会主义新农村建设的开展,乡村的交通、信息等条件的改善,乡村不再是脏、乱、差的代名词,反而成为可供都市居民消遣娱乐的地方。"到乡村去旅游",成为中国旅游营销市场上的重要卖点。

由于国家与市场两大因素在乡村的聚合,乡村的活力最终被激发出来。

地方政府和政治精英敏锐地捕捉到这一信息。各类品牌化的乡村建设得以开展,极大地推动了乡村经营事业的发展。政治精英逐渐将这种经营性的思维运用到乡村治理的各个环节,形成了独特的乡村治理模式——经营性治理。

安吉县经营性治理的特征是发展与治理的同步成长。安吉县的经营性治理根植于政府主导的美丽乡村建设。许多考核指标的设计都展现出国家意志,体现了国家建构现代农村的要求。美丽乡村建设的多项关于生态指标的设置,可以看作是对中央生态文明理念的贯彻。因此,经营性治理首先着眼的是治理元素和治理目标。实现善治是经营性治理的初衷。

同时,经营性治理又强调农村经济的经营和发展。经营性治理反映出农民群众改善生产、生活的期待。通过经营村庄壮大集体,进而完善基础设施、改进公共服务,这些都体现出农民的迫切要求。同时,由于乡村成为市场上的一种特殊的产品,部分群体将乡村视为创业发展的宝地,纷纷加入乡村建设,成为社会主义新农村的建设者。由于经营性治理兼具发展的目标,乡村建设主体得以多元化,力量得以壮大,乡村发展的步伐得以加快。

总体而言,经营性治理作为一种发展与治理内在统一的发展型治理模式,具备现实的社会基础,能够代表多个阶层的根本利益,是一种可行的地方治理路径。

结　语

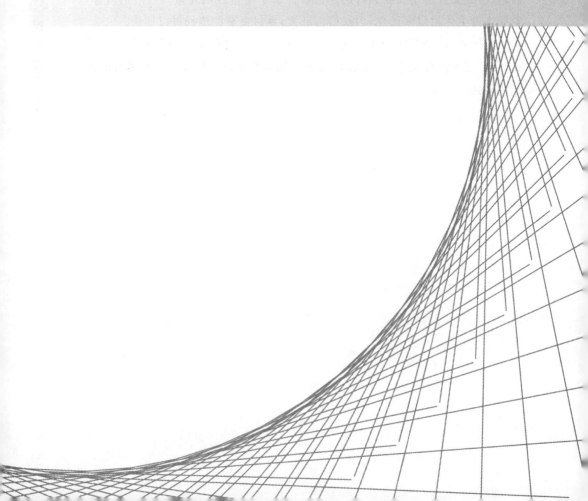

一、经营性治理的特征、优缺点与约束条件

在笔者看来,经营村庄、经营城镇与经营性治理存在紧密的关联,前两者是一种行动,后者更偏重于学术表达。那么,安吉县经营性治理有哪些特征?与以往的典型治理模式相比,它又存在哪些突出的优点及不足?

(一)经营性治理的特征

在以往的研究中,经营性治理的主要特征包括经营村庄成为一种新的治村理念;经营村庄是发展集体经济的现实需要;创业与发展是经营性治理的重要目标等。这些特征在安吉县的实践中得到进一步的检验。同时,安吉县的经营性治理又有一些新的发展和新的特征,主要体现在以下几个方面。

1.经营村庄成为乡村治理的重要内容

在卢福营教授的研究中,经营村庄被视为重要的治村理念。他对经营村庄的积极意义给予了很高的评价。在他看来,经营村庄是村庄治理理念的伟大革命,是村庄治理理念的重大转换。不过,在其分析中,见不到经营村庄的具体形态和运作实例。在安吉县,经营村庄伴随着美丽乡村建设自然演进。经营村庄的概念不仅出现在政府的报告中,也被农民所认知,更被一些村庄的主政者视为乡村治理的重要内容。像高村、官村这样的村庄在经营村庄上具有明确的经营目标和专业化的运作机构,村两委的大部分时间都花在经营村庄(如官村)或为经营村庄提供服务上(如高村)。此外,还有大批的村庄,如洛村、观村等都试图走上经营村庄的道路,都在做着积极准备,创造着有利条件。这些都充分说明,经营村庄在安吉县已经具备深厚的社会基础,是一种具有生命力的村庄发展路径和村庄治理路径。

2.注重公益和民生改善

在以往关于经营性治理的理解中,经常与竞争、效率、利益这些词联系在一起。安吉县的经营性治理也强调这些理念。高村是安吉县经营村庄的

样本村,诚如前文所述,高村的经营体制是混合所有制,即"集体＋私营"模式。这种模式在安吉是被尊重的,甚至是被推广的。2013年7月26日,安吉县农办副主任董龙在陪同湖州市政策研究室主任调研官村时对李良说,"你们可以到高村去走走看看,看看人家是怎么做的,开阔一下眼界,拓宽一下思路,不要怕投入,砸进去是有回报的。"高村通过与私营企业合作做大了村庄经营的事业,提高了效率、效益和市场竞争力。

不过,安吉县的发展定位是生态立县和致力于打造县域大景区,乡村休闲服务业是其重要组成部分。因此,美丽乡村建设是安吉县品牌化建设的需要。同时,品牌化建设也推动了乡村建设,提升了乡村公共服务水平。经营村庄使得这些工作得以延续和升级。由此一来,安吉县经营性治理具备了民生、公益品质。

安吉县经营性治理注重公益和民生的原因有两点:一是作为经营性治理的手段,经营村庄是在新农村建设的基础上演变出来的。新农村建设的目标就是民生,让村民可以住得下、留得住。经营村庄是为了更好地建设新农村,发展新农村。二是从推进的主体来看,政府无论是在美丽乡村创建还是美丽乡村经营阶段都提供了大量的支持,尤其在资金方面。政府既是公益的象征,又是推动民生建设的主要力量。

3. 治理主体呈现多元化特征

以往的研究认为乡村经营性治理属于经济能人治村的范畴。在这种模式下,村级治理主要依靠一个或几个具有超凡能力的能人指挥运作,民主化、制度化程度较低。从公共权力运作的角度看,这一村治模式具有权威强大、权力集中、威权治理等特点[①]。

安吉县经营性治理却呈现出多元的特征。从经营主体来看,安吉县更加注重实效,而并不作出特殊的限定,如不允许外来工商资本进入等。在高村和官村,经营村庄都是专业化团队在运作和管理。官村虽然具备能人治村的特征,能人权威有所增长,但是其决策越来越受到其他因素的影响,包括政府、村民与技术人员。孝村属于政府替代式的经营,其治理常常受到来自政府的干预。能人治村特征最明显的官村,由于许多资源并不掌握在能

---

① 卢福营:《能人型村治模式的崛起和转换》,《社会科学》,1999年第9期。

人手中,许多决策仍然要受制于政府或村民。如此看来,官村常开户主大会就不难解释了。

经营性治理讲求资源重组,重组才能出效益,有了效益才能更好地解决公益问题。家庭承包制改革后,生产经营的经济权力分散化,村领导原有的权力基础被削弱,可控制的权力资源大为减少。在经营村庄的过程中,政府实际掌握的资源是非常有限的。要解决经营村庄所需要的资源问题,只能是"无中生有"。但"无中生有"并非建立在空中楼阁基础上的,而是"借鸡生蛋"。就官村而言,资金问题的解决主要是靠项目资金、银行贷款、民间借贷,土地资源是借助于土地的流转,人力资源是借助于专业化的公司。官村经营性治理在实施过程中需要借助大量的外力。因而,其治理主体也呈现出多元化的特征。徐清曾经抱怨李良治下的村庄经营有很多弊病:"这一方面是受限于书记团队的水平;另一方面是由于项目资金是掌握在政府机关的各部门。"各部门的立项都有自身的目标和要求,即贺东航教授所说的"多属性"问题①。这在一定程度上也反映出安吉县经营性治理属于多元主体治村。

(二)安吉县经营性治理的优缺点

笔者在前文讨论安吉县经营性治理模式价值时,分析认为它有助于解决当前乡村治理中的联结问题,同时也是一种发展与治理相协调的治理模式。这两点均是经营性治理的优点。应该说,很难找出一种包治百病的乡村治理模式。一种治理模式的价值,更多是在于它的"比较价值"。以下通过比对的方式来呈现经营性治理的优缺点。

1. 安吉县经营性治理的优点

首先,经营性治理与富人治村、中农治村、个私业主治村等相比,经营性治理的治村主体更加多元,力量更多元、更强大,有助于治理问题的合力解决。

富人治村存在几个弊端:一是不能集中精力发展集体经济;二是带领村民致富的辐射范围有限;三是富人可能擅长经营,但不一定通晓治理②。经

---

① 贺东航、孔繁斌:《公共政策执行的中国经验》,《中国社会科学》,2011年第5期。
② 袁松:《富人治村:浙中吴镇的权力实践(1996—2011)》,华中科技大学博士学位论文,2012年,第259页。

营性治理则不同,它是集体经济发展的可行途径。这是因为经营性治理的目标指向首先是集体经济发展,伴随着项目进村以及经营村庄的开展,村庄集体经济有了明显的提升。从长远看,集体经济的发展果实会让每一位村民都能享用。

中农治村的弊端在于动员能力比较有限,带领村民致富的可能性较小。经营性治理由于治村主体多元以及经营村庄的吸引力,动员能力显著增强。此外,经营性治理强调对接市场,对主政者的开拓创新能力要求很高,反过来,经营村庄也能够增强主政者的开拓创新意识,提升经营和治理能力。

个私业主治村理念大体上与安吉经营性治理相仿。不同之处在于,安吉经营性治理更加强调治理目标的实现,更加强调民生目标和公益目标的实现。它的实现保障是政府监管和公众参与。

其次,与选举式民主治理相比,经营性治理拥有治理的经济基础和利益基础。1988年,《村组法》的颁布,使得广大农村得以实施村民自治,有利于农民自己管理自己,有利于农民当家作主。不过,多年的村治实践表明,在家庭承包制改革后,农村经济发展出现个体化,缺乏稳固的经济基础,利益关联性也受损。由此一来,对于村民自治,农民参与意愿不强、吸引力不大、积极性不高,村民自治"空转""形式化""难落地"[1]。经营性治理则更加强调谋钱、谋利、谋发展,有助于提升集体经济实力,有助于吸引农民参与。孝村、官村的实践证明了这一点。

2. 安吉县经营性治理的缺点

尽管如此,安吉县的经营性治理也存在一些不足。

首先,经营性治理对经营者的经营能力提出了一定要求,特别是自负盈亏的能力,一旦决策不当,容易造成资源浪费或者给村集体带来巨大的债务风险,影响村庄稳定。安吉县的龙村由于村支书的冒进,借债经营村庄,但是最后经营的效果并未如愿,以致无法按时还款,最终造成多方面的负面影响,该村支书本人也遭到了严重的处分。

其次,正在进行经营性治理的村庄所需的资金流量大,如官村2013年的

---

[1] 邓大才:《利益相关:村民自治有效实现形式的产权基础》,《华中师范大学学报》(人文社会科学版),2014年第4期。

资金流量达 4300 多万元。这对相关制度设计要求非常严格,否则会滋生严重的腐败问题。尽管当地政府采取了许多补救措施,但是这些制度往往是滞后于实践的。

再次,经营性治理有助于壮大集体经济,但是还未能达到普通民众对于增收的期待。在经营性治理中,掌握权力和接近权力的农民群体往往能够迅速发家致富,而远离权力的普通民众获得致富机遇的机会要更少,这容易产生不公平感,引发村庄内部矛盾。

(三)经营性治理的约束条件

安吉县经营性治理拥有很多治理模式所不具备的优点,是一种值得借鉴的基层治理模式。不过经营性治理模式的形成需要一些条件。安吉县经营性治理模式的形成得益于新农村建设行动的落实。

首先,新农村建设在建设初期,没有政府的参与和投入通常很难启动。因此,政府的投入意愿是关键的问题。从国家与农民的关系走向来看,资源流向发生了新的变化。但是,并不是所有的地方政府都有建设农村、发展农村的打算和能力。就现状而言,城镇化成为地方政府的主攻方向。在笔者看来,城镇化与乡村建设应该可以相得益彰,互为补充。

其次,新农村建设是一个长期投入的过程,基层干部能否持之以恒地实践这项工作,也是一个重要因素。官村书记从 2003 年村庄整治开始,就把相关工作落到实处,与周边村庄形成了一定反差。这样有利于被纳入示范名单,从而有利于获得政府的资助,形成发展的基础。

再次,经营性治理的成败与主政者的能力存在一定关联。主政者能力越强,越有机会获得项目支持;主政者的创新能力越强,在经营村庄上越容易取得成效。

此外,村庄的先天资源条件也是重要影响因素。这些因素包括地理区位、特殊资源、集体经济状况等。那些旅游公司往往愿意同离城市更近的村庄合作。在规划师徐清看来,经营村庄的理想发生地是在离省城 1 小时车程范围。这些更近的村庄更容易获得消费者的青睐。特殊资源也是重要影响因素。理论上讲,大部分村庄都有各自的优势,而那些占据特殊资源的村庄往往能够脱颖而出。

二、经营性治理中的乡村关系

本书的研究背景建立在乡村关系的讨论上。导论部分曾讨论过,取消农业税之后,乡村两级组织的相互关系发生了巨大变化,乡镇不再需要村干部协助收取税费,村干部报酬由自上而下的财政转移支付来承担。同时,乡镇可以建立一套独立的监控系统,脱离村干部单独执行;农村治安工作的压力也被司法系统及各级"维稳办"所分担。这些特征使学者们纷纷断言,取消农业税从根本上改变了国家与农民的关系,也从根本上改变了县乡的行为逻辑。在对中西部农村的深入调查中发现,乡村组织在各种现实条件的约束下,既没有成为服务型组织,也不是无所事事,而是在实践中对自身职能重新定位,将此前工作考核中的"软指标硬指标化"。这些发现与周飞舟关于乡村基层成了只维持自身运转的"悬浮型"政权的论断异曲同工,从不同层次及侧面揭示了乡村治理逻辑的变化。

那么,这种变化对于乡村两级的关系意味着什么呢?陈柏峰认为,之前存在的乡村利益共同体在制度上被打破,村民自治有了真正实现的可能,乡村关系再也无法通过利益运作来维持,政策的贯彻和治理目标的达成再也不能通过利益交换来实现。当乡镇不再需要村干部收取税费,也可以脱离村干部的协助执行政策时,乡镇就可以利用村民自治的组织原则和法律规定,通过选举的办法,让村庄真正依法进行自治,并依法对自治进行监督。①

这种观点在当时来讲,有一定的代表性。但是事实上,国家的政策处于变动当中,政策的变动直接影响基层治理逻辑的变化。随着国家项目的下乡,很多地方将其发展目标与国家资源下乡结合起来,形成了新的治理模式。如浙西北安吉县实施了美丽乡村建设的工程,这个工程迎合了农户的需要,美丽乡村建设得好,老百姓是最直接的受益者。基层干部的积极性也很高,因此迎来干事创业的机会。

经营村庄使得这种创业成为现实。官村的实践表明,经营村庄是一种多赢的方案。在这种经营链条当中,村民一般是无须付费的;村集体经济则

---

① 陈柏峰:《后税费时代的乡村治理》,《文化纵横》,2012年第5期。

是经营村庄的最大受益者,村干部因此有了工作的积极性;对于县乡干部而言,经营村庄担负着发展转型的重责,并且成为县域经济的重要抓手。不过,县乡政府的利益诉求还是存在一定的差异。县政府试图从美丽乡村建设与经营、城市与乡村、工业与农业中达成某种平衡。但是乡政府最重要的目标还是发展和获得财政收入。经营村庄是一个整合各方利益的方案,因此吸引了县、乡、村、组等各个利益主体的注意。

整体而言,经营性治理是一种发展型治理模式,与取消农业税后部分地区出现的治理缺位的状况存在明显的差别。最值得一提的是,经营村庄使基层组织与基层社会重新建立起利益的关联,对于解决治理缺位的问题有启示意义。

三、实践价值及研究前景

从制度分析的角度来看,经营城市与经营村庄因能创造公共财政,而成为地方政府与基层干部的一种理性选择。通过对绩乡的考察,特别是官村经营性治理的实践,我们有理由相信,经营性治理是一种通往善治的实现途径。

通过经营与运作,可以重建乡村治理的经济基础。经营村庄的重要内容就是产业发展。产业发展促进了集体经济的发展,集体经济的发展为乡村治理提供了经济基础。在家庭联产承包和集体统一经营的双层经营体制建立后,乡村治理因缺少经济基础,而最终走向了乡村分治。通过经营村庄,可以让乡村分治走向乡村共治。

通过民生运作,可以重建能人治村的"公共性"。在能人治村或富人治村的过程中,被人诟病较多的原因为富人治村导致"权力的利益网络"出现,广大农民被排斥在这个网络之外。经营村庄因其肩负着乡村建设的民生目标,可以重建能人治理的"公共性"。

作为一种新的治村理念,经营性治理的主要特征是强调经营与民生理念的共生,在乡村治理方面不仅强调效率,也强调公平。经营是手段,民生是目标与依归。经营村庄是否严格贯彻民生建设理念成为关键。以营利为目的经营村庄,最终不仅导致"乡村"两字名存实亡,还会在客观上制造社会阶层的进一步分化,为乡村社会稳定留下巨大的安全隐患。

无论如何,经营性治理为我们提供了一个重新审视乡村善治的机会,乡村社会因共同利益的出现而重新关联起来,农民与乡村政权形成博弈关系。这种关联方式与农业税费的关联方式有明显区别。值得注意的是,在后税费时代,国家与农民的汲取型关系仍将长期存在,只是汲取的方式发生了变化——汲取农村土地利益,经营村庄提供了这样的机会。因此,乡村治理从汲取型向服务型的转型之路依然漫长,这段路程的长短取决于农民群体博弈能力和基层政权治理能力的成长。

由于时间和精力的原因,本书可能在论证的过程和结论上还有诸多需要改进的地方,有待于日后进一步学习和改进。

参考文献

1. 学术专著

[1] [英]安东尼·吉登斯.民族-国家与暴力[M].胡宗泽,赵立涛,译.上海:生活·读书·新知三联书店,1998.

[2] 陈柏峰.乡村江湖:两湖平原乡村混混研究[M].北京:中国政法大学出版社,2011.

[3] 陈向明.质的研究方法与社会科学研究[M].北京:教育科学出版社,2000.

[4] 陈世伟.土地流转背景下的村社治理研究——基于浙江镇海乡村社区的实证考察[M].北京:中国社会科学出版社,2012.

[5] 从翰香.近代冀鲁豫乡村[M].北京:中国社会科学出版社,1995.

[6] 邓大才.小农政治:社会化小农与乡村治理——小农社会化对乡村治理的冲击与治理转型[M].北京:中国社会科学出版社,2013.

[7] [美]杜赞奇.文化、权力与国家:1900—1942年的华北农村[M].王福明,译.南京:江苏人民出版社,1996.

[8] 邓正来.中国社会科学论丛:转型正义(秋季卷)[M].上海:复旦大学出版社,2011.

[9] 费孝通.小城镇四记[M].北京:新华出版社,1985.

[10] 费孝通,吴晗,等.皇权与绅权[M].天津:天津人民出版社,1988.

[11] 贺东航.地方社会、政府与经济发展——对福建南部一座县级市的政治社会学考察[M].北京:中国社会科学出版社,2011.

[12] 黄玉.乡村中国变迁中的地方政府与市场经济[M].广州:中山大学出版社,2009.

[13] 卢福营.能人政治:私营企业主治村现象研究——以浙江省永康市为例[M].北京:中国社会科学出版社,2010.

[14] [美]李怀印.华北村治——晚清和民国时期的国家与乡村[M].王士皓,校.北京:中华书局,2008.

[15] 马戎.中国乡镇组织变迁研究[M].北京:华夏出版社,2000.

[16] [德]马克斯·韦伯.儒教与道教[M].洪天富,译.南京:江苏人民出版社,2010.

[17] [美]明恩溥.中国乡村生活[M].午晴,唐军,译.北京:时事出版社,1998.

[18] 欧阳静.策略主义:桔镇运作的逻辑[M].北京:中国政法大学出版社,2011.

[19] 彭国甫,等.县级政府管理模式创新研究[M].长沙:湖南人民出版社,2005.

[20] [美]裴宜理.华北的叛乱者与革命者:1845—1945[M].池子华,刘平,译.北京:商务印书馆,2007.

[21] 清华大学社会学系.清华社会学评论(特辑)[M].厦门:鹭江出版社,2000.

[22] 荣敬本.从压力型体制向民主合作体制的转变——县乡两级政治体制改革[M].北京:中央编译出版社,1998.

[23] 孙潭镇.现代中国农村财政问题研究[M].北京:经济科学出版社,1995.

[24] 吴毅.小镇喧嚣:一个乡镇政治运作的演绎与阐释[M].上海:生活·读书·新知三联书店,2007.

[25] 王沪宁.当代中国村落家族文化——对中国社会现代化的一项探索[M].上海:上海人民出版社,1991.

[26] [美]W·古德.家庭[M].魏章玲,译.北京:社会科学文献出版社,1986.

[27] 徐勇,吴理财,等.走出"生之者寡,食之者众"的困境:县乡村治理体制反思与改革[M].西安:西北大学出版社,2004.

[28] 徐勇.乡村治理与中国政治[M].北京:中国社会科学出版社,2003.

[29] 徐勇.现代国家乡土社会与制度建构[M].北京:中国物资出版社,2009.

[30] 项继权.集体经济背景下的乡村治理——南街、向高和方家泉村村治实证研究[M].武汉:华中师范大学出版社,2002.

[31] 项继权,吴毅,张劲松,等.中国农村政治稳定与发展[M].武汉:武汉出

版社,1995.

[32] 杨雪冬.市场发育、社会生长和公共权力构建——以县为微观分析单位[M].郑州:河南人民出版社,2002.

[33] 张静.基层政权:乡村制度诸问题[M].杭州:浙江人民出版,2000.

[34] 张厚安,项继权,徐勇,等.中国农村村级治理——22个村的调查与比较[M].武汉:华中师范大学出版社,2000.

[35] 张乐天.告别理想:人民公社制度研究[M].北京:东方出版社,2005.

[36] 中共中央文献研究室,国务院发展研究中心.新时期农业和农村工作重要文献选编[M].北京:中央文献出版社,1992.

[37] 朱冬亮,贺东航.新集体林权制度改革与农民利益表达:福建将乐县调查[M].上海:上海人民出版社,2010.

[38] 周黎安.转型中的地方政府:官员激励与治理(第二版)[M].上海:格致出版社,2017.

[39] GOLAMAN M,MACFARQUHAR R. The Paradox of China's Post—Mao Reforms [M]. Cambridge: Harvard University Press,1999.

[40] BLECHER M,SHUE V. Tethered Deer:Government and Economy in a Chinese County[M]. California:Stanford University Press,1996.

[41] BURAWOY M. The Extended Case Method:Four Countries,Four Decades, Four Great Transformations, and One Theoretical Tradition[M]. California:University of California Press,2009.

[42] JOHN R W. The District Magistrate in Late Imperial China[M]. New York:Columbia University Press,1972.

[43] SHUE V. The Reach of the State:Sketches of the Chinese Body Politic[M]. California:Stanford University Press,1988.

2. 期刊

[1] 曹正汉,史晋川.中国地方政府应对市场化改革的策略:抓住经济发展的主动权——理论假说与案例研究[J].社会学研究,2009(4):1-27,243.

[2] 陈柏峰.从利益运作到感情运作:新农村建设时代的乡村关系[J].开发研究,2007(4):66-70.

[3] 陈涛.乡村混混的历史转向[J].青年研究,2011(6):63-71,94.

[4] 陈家建.项目制与基层政府动员——对社会管理项目化运作的社会学考察[J].中国社会科学,2013(2):64-79,205.

[5] 楚成亚.乡(镇)政府自我利益的扩张与矫治[J].当代世界社会主义问题,2000(2):19-24.

[6] 党国英.论取消农业税背景下的乡村治理[J].税务研究,2005(6):3-6.

[7] 邓大才.产权发展与乡村治理:决定因素与模式——以粤、湘、鄂、鲁四村为考察对象[J].中州学刊,2014(1):40-44.

[8] 邓大才.超越村庄的四种范式:方法论视角——以施坚雅、弗里德曼、黄宗智、杜赞奇为例[J].社会科学研究,2010(2):130-136.

[9] 邓大才.社会化小农:动机与行为[J].华中师范大学学报(人文社会科学版),2006(3):9-16.

[10] 邓大才."圈层理论"与社会化小农——小农社会化的路径与动力研究[J].华中师范大学学报(人文社会科学版),2009,48(1):2-7.

[11] 邓大才.利益相关:村民自治有效实现形式的产权基础[J].华中师范大学学报(人文社会科学版),2014,53(4):2,9-16.

[12] 邓大才.乡级政府该撤了[J].中国国情国力,2001(3):36-37.

[13] 狄金华,钟涨宝.变迁中的基层治理资源及其治理绩效:基于鄂西南河村黑地的分析[J].社会,2014,34(1):148-174.

[14] 狄金华.通过运动进行治理:乡镇基层政权的治理策略——对中国中部地区麦乡"植树造林"中心工作的个案研究[J].社会,2010,30(3):83-106.

[15] 樊纲.地方"乱收费"的治理与地方财政民主制[J].财政研究,1999(4):17-20.

[16] 樊纲.论公共收支的新规范——我国乡镇"非规范收入"若干个案的研究与思考[J].经济研究,1995(6):34-43.

[17] 傅光明.撤消乡镇——改革现行乡镇组织机构和财政体制运行模式的探讨[J].安徽决策咨询,2001(10):34-36.

[18] 葛海鹰.经营城市与城市治理[J].中国行政管理,2005(1):54-56.

[19] 耿羽.灰黑势力与乡村治理内卷化[J].中国农业大学学报(社会科学版),2011,28(2):71-77.

[20] 关涛,宗晓杰.经营城市土地若干问题的战略思考[J].规划研究,2005(4):52-55.

[21] 韩鹏云,刘祖云.新中农阶层的兴起与农村基层党组织建设转型[J].理论与改革,2014(1):59-63.

[22] 郝亚光.社会化小农:空间扩张与行为逻辑[J].华中师范大学学报(人文社会科学版),2007(4):8-12.

[23] 韩轶春.信息改变小农:机会与风险[J].华中师范大学学报(人文社会科学版),2007(4):13-17.

[24] 贺东航,田云辉.集体林权制度改革后林农增收成效及其机理分析——基于17省300户农户的访谈调研[J].东南学术,2010(5):14-19.

[25] 贺东航,朱冬亮.新集体林权制度改革对村级民主发展的影响——兼论新集体林改中的群体决策失误[J].当代世界与社会主义,2008(6):105-108.

[26] 贺东航.当前中国政治学研究的困境与新视野[J].探索,2004(6):52-55.

[27] 贺东航.集体林权制度改革后乡村治理研究内容、方法与意义[J].中共福建省委党校学报,2008(6):67-71.

[28] 贺东航,叶劲松.集体林权制度改革与农村社会管理创新研究[J].东南学术,2011(5):94-101.

[29] 贺青梅.生活社会化:小农的经济压力与行为逻辑[J].华中师范大学学报(人文社会科学版),2009,48(1):13-17.

[30] 贺雪峰.取消农业税对国家与农民关系的影响[J].甘肃社会科学,2007(2):1-3.

[31] 贺雪峰,刘岳.基层治理中的"不出事逻辑"[J].学术研究,2010(6):32-37,159.

[32] 贺雪峰,仝志辉.论村庄社会关联——兼论村庄秩序的社会基础[J].中国社会科学,2002(3):124-134,207.

[33] 贺雪峰.行动单位与农民行动逻辑的特征[J].中州学刊,2006(5):129-133.

[34] 贺雪峰.农民行动逻辑与乡村治理的区域差异[J].开放时代,2007(1):105-121.

[35] 贺雪峰.富人治村与"双带工程"——以浙江F市农村调查为例[J].中共天津市委党校学报,2011,13(3):70-77.

[36] 贺雪峰.论利益密集型农村地区的治理——以河南周口市郊农村调研为讨论基础[J].政治学研究,2011(6):47-56.

[37] 贺雪峰.论乡村治理的内卷化——以河南省K镇调查为例[J].开放时代,2011(2):86-101.

[38] 胡平江.地域相近:村民自治有效实现形式的空间基础[J].华中师范大学学报(人文社会科学版),2014,53(4):17-22.

[39] 胡庆东.乡政村治格局中乡村关系的矛盾冲突及原因[J].南都学坛,2004(6):100-104.

[40] 胡荣.经济发展与竞争性的村委会选举[J].社会,2005(3):27-49.

[41] 黄辉祥,汤玉权.村级财政变迁与村民自治发展:困境与出路——兼论"后农业税时代"村民自治的财政基础[J].东南学术,2007(4):39-47.

[42] 黄振华.要素继替:"社会化小农"概念的延伸探讨[J].华中师范大学学报(人文社会科学版),2009,48(1):18-22.

[43] 黄宗智,龚为纲,高原."项目制"的运作机制和效果是"合理化"吗?[J].开放时代,2014(5):8,143-159.

[44] 黄宗智.国营公司与中国发展经验:"国家资本主义"还是"社会主义市场经济"?[J].开放时代,2012(9):8-33.

[45] 纪晓岚,朱逸.经营性治理:新集体化时代的村庄治理模式及其自在逻辑[J].西北师大学报(社会科学版),2013,50(2):93-100.

[46] 金太军,董磊明.近年来的中国农村政治研究[J].政治学研究,1999(4):33-46.

[47] 金太军."乡政村治"格局下的村民自治——乡镇政府与村委会之间的制约关系分析[J].社会主义研究,2000(4):61-64.

[48] 卢昌军,邓大才.从"以业为商"到"以农为市"——社会化小农的市场维度考察[J].华中师范大学学报(人文社会科学版),2007(4):18-22.

[49] 李祖佩."资源消解自治"——项目下乡背景下的村治困境及其逻辑[J].学习与实践,2012(11):82-87.

[50] 李祖佩.混混、乡村组织与基层治理内卷化——乡村混混的力量表达及后果[J].青年研究,2011(3):55-67,95-96.

[51] 刘才栋.努力实施经营城市战略[J].城市发展研究,2000(1):54-56.
[52] 刘金海.社会化小农的历史进程:中国的经验[J].华中师范大学学报(人文社会科学版),2007(4):2-7.
[53] 刘锐.土地流转、阶层分化与乡村治理转型——基于湖北省京山J村的调查[J].南京农业大学学报(社会科学版),2013(2):92-100.
[54] 刘乐山,何炼成.取消农业税后的县乡财政困难问题研究[J].经济体制改革,2005(3):80-83.
[55] 刘锐.中农治村的发生机理[J].西南石油大学学报(社会科学版),2012,21-27.
[56] 刘维新."经营城市"的理论基础[J].城市规划,2002(8):28.
[57] 卢福营.论经济能人主导的村庄经营性管理[J].天津社会科学,2013(3):78-84.
[58] 卢晖临,李雪.如何走出个案——从个案研究到扩展个案研究[J].中国社会科学,2007(1):118-130,207-208.
[59] 卢新海.经营城市:开发区可持续发展之路[J].华中科技大学学报(社会科学版),2004(2):47-50.
[60] 马良灿.项目制背景下农村扶贫工作及其限度[J].社会科学战线,2013(4):211-217.
[61] 欧阳锦.必须迅速叫停政府"经营城市"[J].甘肃社会科学,2006(2):228-231.
[62] 秦晖.传统中华帝国的乡村基层控制:汉唐间的乡村组织[J].中国乡村研究,2003(1):1-31.
[63] 仇保兴.经营城市与城市竞争力[J].中共中央党校学报,2001(4):21-29.
[64] 渠敬东.项目制:一种新的国家治理体制[J].中国社会科学,2012(5):113-130,207.
[65] 饶静,叶敬忠.税费改革背景下乡镇政权的"政权依附者"角色和行为分析[J].中国农村观察,2007(4):38-45,60.
[66] 任路.文化相连:村民自治有效实现形式的文化基础[J].华中师范大学学报(人文社会科学版),2014(4):23-28.
[67] 莎琳,丁开杰.财富和福利的创造——企业家精神和中国农村的发展型

政府[J].改革论坛,2002(1):62-69.

[68] 上官酒瑞."乡政村治"格局下的乡村关系探析[J].山西农业大学学报(社会科学版),2003(2):112-117.

[69] 折晓叶,陈婴婴.项目制的分级运作机制和治理逻辑——对"项目进村"案例的社会学分析[J].中国社会科学,2011(4):126-148,223.

[70] 申端锋.软指标的硬指标化——关于税改后乡村组织职能转变的一个解释框架[J].甘肃社会科学,2007(2):6.

[71] 沈延生.村政的兴衰与重建[J].战略与管理,1998(6):1-34.

[72] 史普原.多重制度逻辑下的项目制:一个分析框架——以粮食项目为例[J].华中师范大学学报(人文社会科学版),2014(1):4-9.

[73] 孙潭镇,朱钢.我国乡镇制度外财政分析[J].经济研究,1993(9):38-44.

[74] 孙新华.惠农项目的企业化运作:机制、问题与对策[J].安徽师范大学学报(人文社会科学版),2014(1):98-104.

[75] 陶然,陆曦,苏福兵,等.地区竞争格局演变下的中国转轨:财政激励和发展模式反思[J].经济研究,2009(7):21-33.

[76] 涂文涛,方行明,周光芝.关于"经营城市"问题的争论与思考[J].经济学家,2005(4):78-82.

[77] 王日根.明清时期社会管理中官民的"自域"与"共域"[J].文史哲,2006(4):87-94.

[78] 王绍光,王有强.公民权、所得税和预算体制:谈农村税费改革的思路[J].战略与管理,2001(3):1-14.

[79] 王威,谢伟民.集体林权制度改革对农村基层党组织建设的影响——对福建省永安市洪田村的个案研究[J].东南学术,2011(5):110-117.

[80] 王玉明.公共经营及其制度安排——企业型政府理论的视角[J].理论与现代化,2010(2):16-21.

[81] 王媛.我国地方政府经营城市的战略转变——基于地级市面板数据的经验证据[J].经济学家,2013(11):76-85.

[82] 吴理财.用"参与"消解基层"选择性治理"[J].南风窗,2009(2):47-49.

[83] 吴先满.经营城市新论[J].南京社会科学,2002(S1):249-253.

[84] 吴晓燕.农村土地产权制度变革与基层社会治理转型[J].华中师范大

学学报(人文社会科学版),2013(5):7-12.

[85] 吴晓燕.农村土地承包经营权流转与村庄治理转型[J].政治学研究, 2009(6):45-53.

[86] 吴晓燕.社会化小农:货币压力与理性消费[J].华中师范大学学报(人文社会科学版),2006(3):24-30.

[87] 吴毅."双重角色"、"经纪模式"与"守夜人"和"撞钟者"[J].开放时代, 2001(12):114-117.

[88] 吴毅.双重边缘化:村干部角色与行为的类型学分析[J].管理世界, 2002(11):78-85,155-156.

[89] 吴毅.缺失治理资源的乡村权威与税费征收中的干群博弈——兼论乡村社会的国家政权建设[J].中国农村观察,2002(4):54-60,81.

[90] 项继权.短缺财政下的乡村政治发展——兼论中国乡村民主的生成逻辑[J].中国农村观察,2002(3):50-60,67-81.

[91] 徐斯俭.中国大陆沿海经济发展中之国家角色——"市场化国家资本主义"[J].第二届中国地方治理学术研讨会论文集,2004(1):251-268

[92] 徐勇.现代化视野中的"三农问题"[J].理论月刊,2004(9):5-9.

[93] 徐勇."再识农户"与社会化小农的建构[J].华中师范大学学报(人文社会科学版),2006(3):2-8.

[94] 徐勇.GOVERNANCE:治理的阐释[J].政治学研究,1997(1):63-67.

[95] 徐勇.村干部的双重角色:代理人与当家人[J].二十一世纪,1997(8).

[96] 徐勇.当前中国农村研究方法论问题的反思[J].河北学刊,2006(2): 55-60.

[97] 徐勇.东方自由主义传统的发掘——兼评西方话语体系中的"东方专制主义"[J].学术月刊,2012(4):5-18.

[98] 徐勇.论乡政管理与村民自治的有机衔接[J].华中师范大学学报(哲学社会科学版),1997(1):8.

[99] 徐勇.民主化进程中的政府主动性[J].战略与管理,1997(3):7.

[100] 徐勇.权力重组:能人权威的崛起与转换——广东省万丰村先行一步的放权改革及启示[J].政治学研究,1999(1):6.

[101] 徐勇.县政、乡派、村治:乡村治理的结构性转换[J].江苏社会科学, 2002(2):27-30.

[102] 徐勇.现代国家建构与农业财政的终结[J].华南师范大学学报(社会科学版),2006(2):20-25,157.

[103] 徐勇.现阶段农民负担问题的特点及对国家和农民关系的影响[J].社会科学,1993(7):42-45.

[104] 徐勇.乡村治理结构改革的走向——强村、精乡、简县[J].战略与管理,2003(4):90-97.

[105] 徐勇.由能人到法治:中国农村基层治理模式转换——以若干个案为例兼析能人政治现象[J].华中师范大学学报(哲学社会科学版),1996(4):2.

[106] 徐勇,赵德健.找回自治:对村民自治有效实现形式的探索[J].华中师范大学学报(人文社会科学版),2014(4):1-8.

[107] 杨华."中农"阶层:当前农村社会的中间阶层——"中国隐性农业革命"的社会学命题[J].开放时代,2012(3):71-87.

[108] 杨华,王会.重塑农村基层组织的治理责任——理解税费改革后乡村治理困境的一个框架[J].南京农业大学学报(社会科学版),2011(11):41-49.

[109] 杨善华,苏红.从"代理型政权经营者"到"谋利型政权经营者"——向市场经济转型背景下的乡镇政权[J].社会学研究,2002(1):17-24.

[110] 于建嵘.乡镇自治:根据和路径[J].战略与管理,2002(6):117-120.

[111] 詹成付,刘义强,胡军.重塑村庄治理基础的村户联结机制——以湖北省平原村村级产业发展为例[J].社会主义研究,2013(6):86-93,170.

[112] 赵树凯.农村发展与"基层政府公司化"[J].中国发展观察,2006(10):48-50.

[113] 张汉."地方发展型政府"抑或"地方企业企业家型政府"?——对中国地方政企关系与地方政府行为模式的研究述评[J].公共行政评论,2014(3):157-175,180.

[114] 张良."项目治国"的成效与限度——以国家公共文化服务体系示范区(项目)为分析对象[J].人文杂志,2013(1):114-121.

[115] 张世勇.资源输入与乡村治理转型[J].中共宁波市委党校学报,2010(6):61-65.

[116] 张永宏.发展型政府与地方产业的成长:乐从现象分析[J].广东社会

科学,2006(2):174-179.

[117] 赵晓峰."富人治村"的乡村关系及其后果研究[J].中共福建省委党校学报,2012(8):49-54.

[118] 郑法.农村改革与公共权力的划分[J].战略与管理,2000(4):19-26.

[119] 郑风田,李明.新农村建设视角下中国基层县乡村治理结构[J].中国人民大学学报,2006(5):126-134.

[120] 中央党校理论前沿调研组.开发城市·经营城市·塑造城市——河南濮阳市探索城市现代化的新路子[J].理论前沿,2000(22):21-24.

[121] 周蝉鸣.基于"乡村经营"理念的城乡统筹规划探索——以四川省开江县城乡统筹规划为例[J].室内设计,2012(2):42-48.

[122] 周飞舟.大兴土木:土地财政与地方政府行为[J].经济社会体制比较,2010(3):77-89.

[123] 周飞舟.财政资金的专项化及其问题——兼论"项目治国"[J].社会,2012(1):1-37.

[124] 周飞舟.从汲取型政权到"悬浮型"政权——税费改革对国家与农民关系之影响[J].社会学研究,2006(3):1-38,243.

[125] 周雪光."逆向软预算约束":一个政府行为的组织分析[J].中国社会科学,2005(2):132-143,207.

[126] 周雪光,程宇.通往集体债务之路:政府组织、社会制度与乡村中国的公共产品供给[J].程宇,译.公共行政评论,2012(1):46-77,180.

[127] 朱冬亮.村庄社区产权实践与重构——关于集体林权纠纷的一个分析框架[J].中国社会科学,2013(11):85-103,204.

[128] 朱冬亮,程玥.集体林权纠纷现状及纠纷调处中的地方政府角色扮演——以闽西北将乐县为例[J].东南学术,2009(5):51-61.

[129] JEAN C. OI. Fiscal Reform and the Economic Foundations of Local State Corporatism in China[J]. World Politics,1992,45(1):99-126.

[130] KENNETH A. BOLLEN. Political Democracy and the Timing of Development[J]. American Sociological Review, 1979, 44(4): 572-587.

[131] MICHAEL BURAWOY. The State and Economic Involution: Russia Through a China Lens[J]. World Development,1996,24(6):1105-1117.

[132] SARAH COOK. Creating Wealth and Welfare Entrepreneurship and the Developmental State in Rural China. IDS Bulletin,1999,30(4):60-70.

[133] LARRY DIAMOND. Some Social Requisites of Democracy: Economic Development and Political Legitimacy[J]. The American Political Science Review,1959,53(3):245-259.

[134] JEAN C. OI. Fiscal Reform and the Economic Foundations of Local State Corporatism in China[J]. World Politic,1992,45(1):99-126.

[135] DAVID BRODY,MICHRALL J. PIORE,CHARLES F. SABEL. The Second Industrial Divide: Possibilities for Prosperity [J]. Reviews in American History,1985,13(4):612.